쓰임
받음과
버림받음

쓰임받음과 버림받음

초판 발행 : 2015년 6월 25일

지은이 : 정동진

펴낸이 : 한뿌리

펴낸곳 : 올리벳신학교 서부캠퍼스

출판사 : 유하

등록 : 2014년 4월 24일 제 387-3190000251002000000035호

값 12,000원

ISBN 979-11-85927-05-3

쓰임 받음과 버림받음

The Chosen and the Unchosen

정농신 지음

有하

이 책을 쓰게 된 배경

2013년 12월, "새해에는 어떤 말씀을 나누는 것이 좋을까?"를 생각하며 기도했다. 마태복음을 나누고 싶은 생각이 들었다. 성령의 영감이기도 했고, 오늘날 교회들의 모습과 성도들의 신앙생활에 대한 아쉬움 때문인 것 같았다.

그날부터 마태복음에 나오는 족보를 읽기 시작했다. 한글개역개정, 영역본인 YLT(Young's Literal Translation) 그리고 헬라어 성경을 번갈아 가며 읽었다. 헬라어 성경을 읽다보니 영역본이나 개역개정역과 전혀 다른 두 문장[Αβιὰ δὲ ἐγέννησεντὸν' Ασάφ(아비야는 아삽을 낳았다, 마 1:7), Μανασσῆs δὲ ἐγέννησεν τὸν' Αμὼς(므낫세는 아모스를 낳았다, 마 1:10)]이 가장 먼저 눈에 들어왔다.

"헬라어 성경은 '아비야는 아삽을 낳았다'이고 '므낫세는 아모스를 낳았다' 인데 왜 영역본과 개역개정역은 '아비야는 아사를 낳았다' '므낫세는 아몬을 낳았다'라고 번역했지? 왜 그랬을까?" 이 차이점을 보며 족보를 향한 질문이 시작되었다. 마태복음 족보에 대해 던질 수 있는 모든 질문을 작성하기 시작했다. "전통적인 족보와 마태복음 족보에는 어떤 차이점이 있는가?" 그래서 발견한 것을 "들어가는 말"에 적어놓았다.

이 내용을 발견한 후에도 계속해서 족보를 읽었다. 2014년 2월 16일 주간에 하나님은 나의 꿈에서 특별한 일을 행하셨다. (내가 처음 접한 신비한 경험이었다.) 하나님이 족보에 있는 이름을 손으로 잡으시고 그 이름들이 살았던 시대에 기록된 성경말씀으로 가셨다. 하나님은 그 이름을 통해(마치 프리즘을 통해, 현미경을 통해 무엇인가를 보듯이) 그들이 살았던 시대를 배경으로 기록된 성경을 보게 하셨다. 그 이름을 통해 그들이 살았던 각 시대의 성경을 보는데, 자연스럽게 전통적인 족보 기록 방법이 아닌 파격을 취한 부분에 담겨 있는 하나님의 의도와 목적이 깨달아졌다.[1]

내가 이전에 알고 있던 족보의 기록 목적과 꿈을 통해 깨달은 목적에는 큰 차이가 있었다. 마태복음에 관한 책 몇 권을 사서 족보 부분을 읽었다. 장재일 목사의 『히브리적 관점으로 다시 보는 마태복음』 가운데 내가 받은 영감과 일치하는 부분이 여러 군데 있음을 발견했다.[2]

갑자기 책을 쓰고 싶은 열정이 일어났다. 그래서 한 달여 동안 마태복음 족보를 연구하며 글을 완성했다. 족보는 책을 집필하기 시작한 후 가장 먼저 쓴 글이지만, 책으로는 네 번째 출간되었다. 내게 우선적으로 필요한

■

1 전통적인 족보 기록 방법은 "아브라함이 이삭을 낳았다"와 같이 아버지와 아들의 이름만 언급한다. 그러나 "유다는 다말에게서 베레스와 세라를 낳았다"는 두 가지 전통적인 방법에서 벗어나 있다. 하나는 여자의 이름을 언급한 것이고, 다른 하나는 아들 한 명 이름이 아닌 두 명의 이름을 기록한 것이다.

2 장재일 교수는 다말 사건을 두고서 "'유다가 며느리 다말에게서 후손을 낳았다'는 비도덕적 이야기보다는 '다말에게서 나온 두 아들 중 베레스가 다윗의 선조가 된다'는 것에 초점을 맞추고 있다"고 하였다. 전통적인 족보 기록 목적과 상당히 거리가 있는 관점이다.

『깊은 우상숭배 회개문』을 가장 먼저 출간하고, 이어 『회개와 영성 회복』과 『회개, 더 깊은 영성으로』(이상 모두 有하)를 출간했다.

나는 마태복음 족보를 연구하면서 하나님을 향해 두렵고 떨리는 마음을 갖게 되었다. 하나님의 의도와 목적에 따라 재해석된 마태복음 족보는 사랑의 하나님에 익숙한 오늘날 성도들에게 아주 강력한 경고 메시지를 던지고 있기 때문이었다. 하나님은 철저히게 언약에 기초하여 움직이시고, 자신이 선포한 말씀에 따라 모든 것을 단호하게 결정하는 분이시다. (하나님의 관점으로 본 마태복음 족보) "쓰임받음과 버림받음"이란 이 책의 제목이 그것을 말해주고 있다.

들어가는 말

성경 역사는 일반 역사와 다르다. 성경 역사는 단순한 역사의 보고가 아니다. 역사적 사실을 객관적 입장에서 나열하고 있지 않다. 역사적 사실을 신앙적 관점에서 요약하고, 생략하며, 연대기를 바꾸고, 해석하기도 했다. 그래서 성경 역사를 "해석된 역사"(Interpreted History)라 부르기도 한다. 성경의 역사서는 사건에 의미를 부여하고, 인간 저자로 하여금 하나님의 의도와 목적을 파악하여 전달하게 했다.

마태복음의 족보는 구약성경 아브라함부터 예수 그리스도까지 2000년의 역사를 압축한 것이다. 족보는 아브라함에게서 시작하지만 그의 출현이 아담과 하와의 타락에 기인한다고 보았을 때 약 4000년의 역사를 담고 있다. 하나님은 인간 저자로 하여금 그 기간 동안에 살았던 수많은 인물 가운데 특정인을 선별하고 선택하여 족보에 기록하게 하셨다. 마태복음은 이렇게 시작한다.

Βίβλος γενέσεως Ἰησοῦ Χριστοῦ υἱοῦ Δαυὶδ υἱοῦ Ἀβραάμ(마 1:1).

"탄생의 두루마리 예수 그리스도의 다윗의 아들 아브라함의 아들."(직역)

마태복음 저자는 "예수 그리스도의 족보"를 말하면서 그 수많은 사람 중 단지 두 사람 "다윗과 아브라함"만을 선별하고 선택하여 첫 문장을 기록하였다. 그 이후 14대로 나눠 세 번에 걸쳐 상세하게 족보를 기록하면서 56명 중 41명을 선택하여 기록하였다.[3]

하나님이 어떤 영감을 성경 저자에게 주셨기에 단지 두 사람만 선택하여 첫 문장을 기록했을까? 마태복음 전체 족보를 누가복음과 비교했을 때 56명 중 41명을 선택하여 기록한 것은 하나님의 놀라운 의도와 목적이 담겨 있음이 분명하다. 하나님이 성경 저자에게 주신 선별의 기준은 무엇일까? 여호와 하나님의 선별 기준에 담긴 의도와 목적은 두 가지로 생각할 수 있다.

첫째, 하나님의 계획을 성취하기 위해 선택한 긍정적인 면이다.

둘째, 하나님의 계획을 성취하기 위해 선택은 되었지만 하나님의 마음을 아프게 한 사람들을 고발하기 위함이다. 여기에는 하나님의 계획이 이루어지는 데 반하는 삶으로 심판과 저주의 메시지를 담은 사람들도 있다.

마태복음 주석서나 연구서 그리고 강해서 대부분은 족보를 너무 가볍게 취급한 경향이 있다. 히브리 문학은 대부분 첫 절에 그 책의 의도와 목적을 담아낸다는 특징이 있다. 그렇다면 마태복음의 집필 의도와 목적도 첫 절에 있을 가능성이 크다. 그 첫 절에 담긴 의도와 목적을 보다 분명하고

3 누가복음은 3장은 아브라함부터 예수님까지 56대를 기록하고 있다. 마태복음은 이들 중 41명(중복 계수된 다윗은 1회 계수)을 선별하고 선택하여 기록하였다.

선명하게 드러내기 위한 전략이 세 개의 14대로 구성된 족보이다(2-16절). 그렇다면 족보에 담긴 하나님의 의도와 목적은 무엇일까?

전통적인 족보는 "아브라함이 이삭을 낳았다"[4]와 같이 기록한다. 창세기는 이 전통적인 족보 형식에 따라 열 개의 족보(תּוֹלְדָה, 톨레도트)라는 용어를 사용해 기록했다.[5] 하나님은 마태복음의 족보에서 이와 같은 전통적인 족보 기록 형식을 최소한 열한 가지 면에서 파격을 주어 기록하게 하셨다.

첫째 파격은 "살몬은 라합에게서 보아스를 낳았다"(마 1:5상)라고 하여 전통적인 족보에는 없는 여성의 이름을 기록했다.[6]

둘째 파격은 "유다는 다말에게서 베레스와 셀라를 낳았다"(마 1:3상)라고 하여 한 명의 아들을 언급하지 않고 두 명 이상의 아들을 언급하고 있다.[7]

셋째 파격은 "다윗은 우리아의 아내에게서 솔로몬을 낳았다"(마 1:6하)라고 하여 여자의 이름이 아닌 여자의 남편 이름을 기록했다.

넷째 파격은 "여호사밧은 요람을 낳고 요람은 웃시야를 낳았다"(마 1:8하)에서 요람과 웃시야 사이의 세 왕인 '아하시야, 요아스, 아마샤'를 생략했다.[8]

다섯째 파격은 보통 족보를 언급할 때 사람들의 이름만 기록한다. 마태

■

4 Αβρααὰμ ἐγέννησεν τὸν᾽Ισαάκ 아브라암 에게네센 톤 이사악

5 창세기 2:4-4:26; 5:1-6:8; 6:9-9:29; 10:1-11:9; 11:10-26; 11:27-25:11; 25:12-18; 25:19-35:29; 36:1-37:1; 37:2-50:26. 이들 중 첫 번째는 "이것이 천지가 창조될 때에 하늘과 땅의 내력(תּוֹלְדָה, 톨레도트/계보, 족보)이니…"라고 기록되었고 나머지 아홉 개는 "이것은 아담의 계보(תּוֹלְדָה, 톨레도트)를 적은 책이니라…"와 같이 기록되었다.

6 "살몬은 라합에게서 보아스를 낳았다"(마 1:5상). "보아스는 룻에게서 오벳을 낳았다"(마 1:5중). "마리아에게서 그리스도라 칭하는 예수가 나셨다"(마 1:16). 구약 성경에서 가족 구성원인 모든 아들을 소개할 때와 왕의 출신을 말할 때 어머니의 이름이 언급된 경우는 많다.

7 "야곱은 유다와 그 형제들을 낳았다"(마 1:2). "요시야는 여고냐와 그의 형제들을 낳았다"(마 1:11).

8 '아달랴'(요람 왕의 아내, 아하시야의 어머니)를 왕으로 본다면 네 명을 생략했다. "요시야는 여고냐와 그의 형제들을 낳았다"(마 1:11)는 부분에서도 세 명의 왕(여호아하스, 여호야김, 시드기야)을 생략했다.

복음도 그 전례를 따랐다. 그런데 다윗을 언급할 때는 "이새는 다윗 왕을 낳으니라"(마 1:6)고 하면서 "왕"이란 직위를 넣어 기록했다.

여섯째 파격은 족보에 나오는 모든 이름은 단 한 번만 언급되었다. 그러나 "이새는 다윗 왕을 낳으니라 다윗은 우리아의 아내에게서 솔로몬을 낳고"(마 1:6)라고 하며 다윗을 중복하여 사용했다.[9]

일곱째 파격은 다윗의 이름을 두 차례 언급하고[10] 14대에 맞추기 위해 두 번 계수했다. 그러나 여고냐의 이름은 두 차례 언급했지만 14대에 맞추기 위해 한 번만 계수했다.[11]

여덟째 파격은 족보를 기록할 때 사람의 이름만 기록했지 부모가 자녀를 낳을 때의 상황을 언급하지 않았다. 그러나 "요시야는 여고냐와 그의 형제들을 낳으니라"(마 1:11)고 할 때는 시대적 상황을 언급했다.[12]

아홉째 파격은 "아브라함이 이삭을 낳고"(마 1:2)와 같이 모든 "낳다"라는 동사는 능동형을 사용했다. 그런데 "마리아에게서 그리스도라 칭하는 예수가 나시니라"(마 1:16)에서 "낳다"는 수동형으로 사용되었다.

열째 파격은 "아비야는 아사를 낳았다"(마 1:7하)의 헬라어 원문은 "아비야는 아삽을 낳았다"(Αβιὰ δὲ ἐγέννησεν τὸν' Ασάφ)이고, "므낫세는 아몬을 낳았다"(마 1:10중)의 헬라어 원문은 "므낫세는 아모스를 낳았다"(Μανασσῆς δὲ ἐγέννησεν τὸν' Αμὼς)이다.

■

9 다윗은 첫 번째 14대 마지막 왕으로, 또한 두 번째 14대 첫 인물로 기록되었다. 여고냐는 두 번째 14대 마지막에도 언급되었고, 세 번째 14대 첫 번째 인물로 기록되었다.

10 "이새는 다윗 왕을 낳았다"(마 1:6상). "다윗은 우리아의 아내에게서 솔로몬을 낳았다"(마 1:6하).

11 "요시야는 여고냐와 그의 형제들을 낳았다"(마 1:11). "여고냐는 스알디엘을 낳았다"(마 1:12).

12 여고냐가 스알디엘을 낳을 때 "바벨론으로 사로잡혀 간 후에"(마 1:12)라고 하여 당시 상황을 언급했다.

열한 번째 파격은 구약의 전통적인 족보에 기록된 이름들이 마태복음 족보에서는 빠져 있다.[13]

하나님이 마태복음의 저자에게 영감을 주셨지만, 그럼에도 이러한 파격에는 아무런 의미가 없는 것일까? 족보가 단순히 예수 그리스도의 역사성을 언급하기 위해서만 기록된 것일까? 여성들이 언급된 것은 "하나님이 이방인으로서 죄인들인 그들에게 긍휼을 베푸셔서 구원에 들어오게 되었다"는 것을 말하기 위함일까? 예수님이 다윗의 혈통으로 오셨다는 것만을 강조하기 위해 기록된 것일까?

나는 하나님이 족보에 선별하고 선택하셔서 언급한 이름들은 역사적으로 실존한 인물들로서 오랜 기간 생존했는데, 그 모든 배경을 생략하고 이름만 기록한 것도 특별한 의도와 목적이 있다고 본다. 또한 전통적인 족보 기록 방법을 따라 기록하면서도 파격을 취한 것에는 더 특별한 의도와 목적이 있다. 그것을 발견해야 하나님의 영감으로 집필된 마태복음의 기록 목적을 제대로 알 수 있다. 기록된 목적을 이해해야 하나님의 온전한 뜻을 발견할 수 있다. 이미 학습된 선입견을 가지고 족보를 보면 아무것도 보이지 않는다. 그러나 그 선입견을 내려놓고 '하나님이 족보를 통해서 무엇을 말씀하려는 것인가?'에 귀를 기울이면 많은 음성을 들을 수 있다.

나는 족보인 마태복음의 서론과 대위위임령[14]인 마태복음의 결론이 어떤 연관성을 가지고 있는지 언급한 책을 거의 보지 못했다. 그러다 최근에

■

13 창세기의 전통적인 족보에는 아브라함의 아들 이스마엘의 족보, 이삭의 아들 에서의 족보 등이 기록되어 있다. 그러나 마태복음에서는 이들이 장자임에도 생략되어 있다.

14 결론은 마태복음 28:19-20을 말한다.

15 채영삼 교수는 『긍휼의 목자 예수』에서 '족보'와 '대위위임령'의 관계를 설명했다.

한 권의 책을 발견했다.[15] 서론과 결론이 연관성이 없다면 그것은 잘 쓰인 책이라고 할 수 없다. 내가 보기에 서론은 결론을 잉태하고, 결론은 마태복음 전 과정을 통해 옥동자로 태어나 열매를 맺는다고 확신한다.

차례

서론 1

족보는 14대로 구성되었다

마태복음 1:17

그런즉 모든 대 수가 아브라함부터 다윗까지 열네 대요

Πᾶσαι ουαί γενεαὶ ἀπὸ Ἀβραὰμ ἕως Δαυὶδ γενεαὶ δεκατέσσαρες,

다윗부터 바벨론으로 사로잡혀 갈 때까지 열네 대요

καὶ ἀπὸ Δαυὶδ ἕως τῆς μετοικεσίας Βαβυλῶνος, γενεαὶ δεκατὲσσαρες,

바벨론으로 사로잡혀 간 후부터 그리스도까지 열네 대더라.

καὶ ἀπὸ τῆς μετοικεσίας Βαβυλῶνος ἕως τοῦ χριστοῦ, γενεαὶ δεκατ-έσσαρες.

마태복음 연구서들 대부분은 1장 1절 혹은 1장 1–16절을 서론으로 취급했다. 후에 밝히겠지만 나는 1장 1절을 족보의 서론으로 보지 않는다. 그것은 족보의 서론이 아니라 결론이다. 마태복음 족보(1:2–16)는 왜 1장 1절이 나오게 되었는지를 설명해주는 부분에 지나지 않는다. 1장 17절은 앞의 족보를 왜 그렇게 나누었는지 설명하고 있다. 즉, 족보를 기록한 기준이 제시되어 있기에 서론으로 다룬다. 1장 17절은 몇 가지 특징을 가지고 있다.

1. 동일한 문장 구조

마태복음 기자는 14대를 세 차례로 나누어 기록하는 족보 구성을 설명하면서 "~로부터(ἀπο, 아포) ~까지(ἕως, 헤오스)"라는 동일한 문장 구조를 취하고 있다.

"아브라함부터 다윗까지,
다윗부터 바벨론으로 사로잡혀 갈 때까지,
바벨론으로 사로잡혀 간 후부터 그리스도까지."

독자들에게 글이 한눈에 들어오도록 문장을 구성했다. 동시에 각 14대마다 하나님의 특별한 의도와 목적을 담아냈다.

2. 하나님은 왜 14대를 족보 기록의 기준으로 설정하셨을까?

하나님이 관심을 두신 초점은 '메시아 예수'시다. 메시아 예수를 가장 잘 드러낼 수 있는 방법은 무엇일까? 그 방법은 구약의 언약, 예언과 일치해야 한다. 메시아 예수를 가장 잘 드러낼 수 있는 방법은 '왕'이다. 구약성경 최고의 왕은 '다윗'(דָּוִד, 다비드)이다. 다윗의 이름이 가진 숫자의 합은 14이다.[1] 하나님은 만왕의 왕이신 메시아 예수를 드러내시기 위해 하나님이 선택하시고 첫 왕으로 세우셨던 다윗의 이름에 사용된 숫자의 총합인 14를

■

1 히브리어는 숫자를 나타내는 표기가 따로 없다. 자음이 곧 숫자를 포함하고 있다. ד(달렛)=4, ו(바우)=6이다. 4+6+4=14이다. 다윗은 이스라엘 한 나라의 왕이지만, 메시아 예수는 만왕의 왕이시다.

따서 14대로 구성하기로 작정하셨다. 곧 14대에는 왕이라는 이미지가 흐르고 있다.

3. 정말 14대인가?

17절 말씀을 보면 14대라고 밝히고 있다. 그러나 엄격하게 따지면 중복 계수된 14대이고[2] 중복 계수되어야 할 인물을 단회 계수한 14대[3]이다. 인간적인 표현을 빌자면 억지로 짜 맞춘 14대이다. 하나님께는 그럴 권한이 있으시다. 성경은 사실을 객관적으로 기록한 책이 아니다. 성경은 하나님의 의도와 목적 아래 기록된 책이다. 하나님은 자신의 의도와 목적을 드러내시기 위해 중복 계수할 수 있는 권한도 있으시고, 단회 계수할 권한도 있으시다.

4. 왜 14대를 세 차례 반복했는가?

하나님은 왜 14대를 세 차례 반복하기로 하셨는가? 누가복음은 아브라함부터 예수까지 56대를 기록하고 있다. 14대를 네 차례 반복하면 대수가 딱 들어맞는다. 중복 계수할 필요도 없고 단회 계수할 필요도 없다. 그런데 왜 중복 계수를 하고 또 많은 사람들을 빼면서 굳이 14대에 맞춰 세 차례 족보를 반복하는 기록 방법을 선택하셨을까? 3은 하나님의 숫자이다. 메시아 예수가 인간의 몸을 입고 이 땅에 오시지만 그분은 하나님이라는 사실을 전하시려는 것이 아닐까? 동일한 내용을 세 차례 반복하는 것은 아

■

2 첫 14대 마지막 인물인 다윗과 둘째 14대 시작 인물인 다윗은 중복 계수되었다.

3 다윗의 예를 따른다면 둘째 14대 마지막 인물로 언급된 여고냐와 셋째 14대의 첫 인물로 기록된 여고냐도 중복해서 계수해야 한다. 그러나 마태복음의 기자는 계수의 원칙을 지키지 않은 채 다윗만 중복 계수하고 여고냐는 단수 계수했다.

니지만 14대를 세 차례 반복함으로써 하나님이 자신의 계획을 이루셨음을 강조하시려는 것은 아닐까?

5. 그리스도라 칭하는 예수(16절)에서 왜 그리스도(17절)로 끝을 맺는가?

17절은 2-16절을 구성한 원칙을 밝히는 절이다. 2-16절에서 내용을 보다 자세히 설명할 때와 구성의 원칙을 밝힐 때 두 가지 다른 표현이 등장한다. 하나는 '다윗 왕'에서 '왕'을 뺀 것이고, 다른 하나는 '그리스도라 칭하는 예수'에서 '칭하는 예수'를 빼고 '그리스도'로 정리한 기록이다. 다윗 왕에서 왕을 빼도 다윗이 왕인 것은 누구나 알 수 있기 때문에 그렇게 정리했다고 볼 수 있다. 내가 보기에는 예수라는 표현이 더 중요해 보이는데 마태복음의 저자는 왜 그것을 빼고 그리스도라는 이름으로 끝을 맺었을까? 그것은 아마도 14대를 세 차례 반복해 족보를 기록함으로써 예수(예수아)가 곧 메시아이신 것이 확인되었기 때문에 구약의 메시아 사상에 익숙한 독자들을 배려한 것으로 보인다(31장의 "그리스도" 부분을 읽으면 이 말의 뜻을 잘 알 수 있다).

서론 2

족보에 함축된 의미들

1절

마태복음을 기록한 의도와 목적을 내포하고 있다.

앞으로 마태복음이 전개될 방향을 담고 있다.

족보의 결론이며 동시에 마태복음의 결론을 잉태하고 있다.

2–16절

망원경을 통해 본 것처럼 1절을 자세하게 본 것이다.

'14대'를 기준으로 기록했다.

14대씩 세 차례에 걸쳐 족보를 기록했다.

첫 14대(2–6상반절): 한 가정이 한 국가가 되고 왕이 세워졌다.

둘째 14대(6하–11절): 불의에 기초한 나라, 불의가 지속되는 나라는 멸망한다.

셋째 14대(12-16절): 보이는 나라는 멸망하고 하나님 나라가 태동하고 있다.

17절

족보는 14대로 구성했다.

족보는 14대를 세 차례 반복했다.

예수가 그리스도시다.

18-25절

메시아 예수는 성령으로 잉태되셨다.

예수는 자기 백성을 그들의 죄에서 구원할 자시다.

구약에 예언된 임마누엘이 바로 그리스도 예수시다.

서론 3
족보 이해를 위한 짧은 여행

[1] 아브라함과 다윗의 자손 예수 그리스도의 계보라.

무엇을 전하려는 것일까?
이해하기가 어려운데… 그럼 여행을 떠나볼까!
이해하기가 어려운데 갑자기 어디로 여행을 떠난다는 거야?
응, 등장인물들이 살았던 시대로 여행하는 거야.

1차 여행: 2–6상반절

2000년 전까지 거슬러 올라간다면 꽤 먼 시간인데, 피곤하지 않을까?
재미있으면 피곤하지 않을 텐데….

약 2000년 전–하나님은 왜 아브라함을 선택하셔서 족보의 시작에 기록하셨을까?
약 1800년 전–하나님이 왜 야곱을 통해 민족의 기초를 놓으셨을까?

어! 여인의 이름 다말이 왜 갑자기 등장하는 거지?

어! 시아버지가 며느리를 통해 아이를 낳았다고?

어! 셀라가 아니고 왜 베레스야?

하나님은 왜 요셉에게 꿈을 통해 비전을 주셨을까?

하나님은 왜 유다 이야기를 끌어들이셨을까?

약 1500년 전–어! 라합이 왜 등장하는 것일까?

라합의 남편으로 언급된 살몬은 누구야?

약 1200년 전–어! 룻이 왜 등장하지?

약 1000년 전–왜 다윗에게만 왕(王)이란 직책이 붙지?

2차 여행: 6하–11절

이번에는 지난번 여행의 반밖에 안 되네! 훨씬 덜 피곤하겠지?

지난번에는 재미있어서 피곤한 줄 몰랐으니 이번에도 그럴 거야!

약 1000년 전–어! 이게 뭐야? "우리아의 아내"에게서 솔로몬을 낳았다고?

약 900년 전–뭐야! 헬라어 성경은 "아사"가 아니고 "아삽"인데!

(Αβιὰ δὲ ἐγέννησεν τὸν᾽Ασάφ)

약 850년 전–어! 세(네) 왕의 이름이 왜 빠졌을까?

약 640년 전–뭐야! 헬라어 성경은 "아몬"이 아니고 "아모스"인데!

(Μανασσῆς δὲ ἐγέννησεν τὸν᾽Αμὼς)

약 600년 전–어! 여기에도 세 왕의 이름이 빠졌는데, 왜 그러셨을까?

어! 여고냐가 누구지?

윽! 여고냐가 족보에 기록되어도 되는 거야?

어! 이때까지 상황 설명이 한 번도 없었는데 "바벨론으로 사로잡혀 갈 때"가 왜 들어갔을까?

두 번째 14대 마지막 왕이 여고냐네! 그에게서 끊고는 왜 그를 계수하지 않았지?

3차 여행: 12–16절

이번 여행은 지난번 여행한 기간과 비슷하군!

이번에는 자신 있다! 신난다, 빨리 떠나자!

약 600년 전–어! 여기도 상황 설명이….

"바벨론으로 사로잡혀 간 후"은 무엇을 말씀하시려는 것일까?

여고냐가 스알디엘을 낳았다고? 아닌데….

스알디엘이 스룹바벨을 낳았다고? 이것도 아니야!

스룹바벨은 들어본 이름인데 나머지는 처음 듣는 이름들이야. 스룹바벨은 누구지?

약 6–4년 전–어! 마리아는 누구지?

참 이상하네! "마리아에게서"에서 왜 남편 이름이 앞에 없지? 다른 사람은 다들 있는데….

"칭하다"가 수동형이네! 무슨 이야기를 하시려는 거지?

어! "낳다"도 수동형이네! 다른 곳은 다 능동형인데 왜 여기만 수동형이지?

1부

첫 번째 14대

(2-6상반절)

"아브라함이 이삭을 낳고 이삭은 야곱을 낳고 야곱은 유다와 그의 형제들을 낳고 유다는 다말에게서 베레스와 세라를 낳고 베레스는 헤스론을 낳고 헤스론은 람을 낳고 람은 아미나답을 낳고 아미나답은 나손을 낳고 나손은 살몬을 낳고 살몬은 라합에게서 보아스를 낳고 보아스는 룻에게서 오벳을 낳고 오벳은 이새를 낳고 이새는 다윗 왕을 낳으니라."

첫 번째 14대에 대한 자세한 관찰

아브라함부터 다윗까지는 국가가 세워지고
왕이 탄생하는 과정을 보여준다.
국가가 건설되고 하나님이 원하시는 왕이 탄생했다.

관찰 질문

약 2000년 전

1. 첫 14대 족보는 왜 아브라함부터 시작되는가?
   1.1. 장남 이스마엘을 뺀 이유는 무엇일까?
   1.2. 차남 이삭을 선택하여 기록한 이유는 무엇일까?
2. 이삭의 장남 에서를 뺀 이유는 무엇일까?
3. 이삭의 차남 야곱을 선택하여 기록한 이유는 무엇일까?

약 1900년 전

4. "야곱은 유다와 그의 형제들을 낳았다"(2하).
   – 왜 하나님은 전통적인 족보 기록 방법을 깨뜨리셨을까?
   4.1. 왜 야곱의 모든 아들(유다와 그 형제들)을 언급하는 것일까?
   4.2. 장남 르우벤의 이름을 앞세우지 않고 유다의 이름을 앞세운 이유는 무엇일까?
   4.3. 창세기에서 가장 많은 비중을 차지하는 요셉의 이름은 왜 숨겨져 있는가?

5. “유다는 다말에게서 베레스와 세라를 낳았다”(3상).

– 왜 하나님은 전통적인 족보 기록 방법을 깨셨을까?

5.1. 왜 족보에 여자인 “다말”의 이름을 기록하였을까?

5.2. 유다의 아들들인 엘, 오난, 셀라는 어찌하고 “베레스와 세라”인가?

약 1500년 전

6. “살몬은 라합에게서 보아스를 낳았다”(5상).

– 왜 하나님은 전통적인 족보 기록 방법을 깨셨을까?

6.1. 살몬은 누구인가?

6.2. 족보에 왜 여자인 “라합”의 이름을 기록하였을까?

약 1200년 전

7. “보아스는 룻에게서 오벳을 낳았다”(5중).

– 왜 하나님은 전통적인 족보 기록 방법을 깨셨을까?

7.1. 보아스는 누구인가?

7.2. 족보에 왜 여자인 “룻”의 이름을 기록하였을까?

약 1000년 전

8. “이새는 다윗 왕을 낳았다”(6상).

– 왜 하나님은 전통적인 족보 기록 방법을 깨셨을까?

8.1. 왜 다른 사람들에게는 직책이 붙어있지 않은가?

8.2. 왜 다윗에게만 “왕”이라는 직책이 붙어있는가?

8.3. 첫 14대 족보는 왜 다윗으로 끝나야 하는가?

1장

아브라함이 첫 14대의 첫 인물로 선정된 이유

2상 아브라함이 이삭을 낳고.

Αβραὰμ ἐγέννησεν τὸν Ἰσαάκ

누가복음 족보와 비교했을 때 유일하게 생략이 없는 14대다. 또한 정확하게 맞는 14대다. 14대의 시작이 아브라함이고 14대 끝이 다윗이다. 정확하게 말하면 다윗 왕이다. 누가복음은 아브라함에서 예수님까지 총 56대를 기록했는데 마태복음은 42대를 언급했으므로 14대를 빼버린 셈이다. 하나님은 왜 아브라함 이전의 수많은 사람은 통째로 빼시고 첫 14대를 아브라함에서 시작하셨는가? 왜 노아가 아닌가? 왜 에녹이 아닌가?

하나님은 아브라함을 바벨론에서 불러내시려고 선택하셨다

아담에서 데라(아브라함의 아버지)까지는 특별히 구별된 민족이 없었다. 모두가 하나님의 언약 안에 있었다. 노아에 의해 함과 그의 후손이 저주를 받기는 했지만 그들은 모두 하나님의 언약 안에 있었다. 하나님은 모든 민족을 동일하게 대하셨다. 하나님이 아브라함을 선택하실 때 그와 그의 가문은 선택받을 만한 가치가 없었다. 하나님의 증언을 들어보자.

> "여호수아가 모든 백성에게 이르되 이스라엘의 하나님 여호와께서 이같이 말씀하시기를 옛적에 너희의 조상들 곧 아브라함의 아버지, 나홀의 아버지 데라가 강 저쪽에 거주하여 다른 신들을 섬겼으나"(수 24:2).

아브라함은 갈대아 우르(고대 바벨로니아)에서 부모와 함께 살고 있었다. 그의 부모는 다른 신들을 섬겼다. 노아의 홍수 심판 이후 70여 민족이 형성되었다(창 10-11장). 그들에게는 이미 정해진 영역이 있었고 그들은 각기 다른 말을 사용했다. 그 많은 민족과 많은 사람들 가운데 하나님은 아브람(아브라함)에게 관심을 두셨다. 그 이유는 하나님만 아신다. 우리로서는 왜 하나님의 관심이 그에게 고정되었는지 전혀 상상할 수 없다. 그와 그의 집안이 미래에 하나님이 계획하고 계셨던 가나안 땅에 거하고 있는 것도 아니었고, 그와 그의 집안에게 하나님을 찾고자 하는 마음이 있었던 것도 아니다. 그와 그의 집안은 다른 신들(אֱלֹהִים אֲחֵרִים, 엘로힘 아헤림)을 섬기고 있었다.[1] 그런데 하나님은 왜 아브라함에게 관심을 두시고 그를 선택하셨는가? 하나님에게는 아브라함을 선택할 권한이 있으셨고 그렇게 하셨다. 하나님은 아브라함을 선택하시고 갈대아 우르에서 불러내셨다.

■

1 엘로림(אֱלֹהִים)은 언제나 복수명사다. 이 단어는 "하나님이 천지를 창조하시니라"(창 1:1)라고 할 때 "하나님"으로 사용되었다. '엘로힘' 앞의 형용사 '아헤림'(אֲחֵרִים)이 복수형이다. 아브람과 그의 집안은 한 다른 신이 아닌 여러 다른 신을 섬기고 있었다.

하나님은 아브라함과 언약을 맺으려고 선택하셨다

하나님이 아브라함을 선택하시기 전에는 모든 민족, 모든 사람에게 관심을 두셨다. 그러나 아브라함을 선택하셔서 불러내신 것은 그와 언약을 맺으시기 위해서다.

> "여호와께서 아브람에게 이르시되 너는 너의 고향과 친척과 아버지의 집을 떠나 내가 네게 보여 줄 땅으로 가라 내가 너로 큰 민족을 이루고 네게 복을 주어 네 이름을 창대하게 하리니 너는 복이 될지라 너를 축복하는 자에게는 내가 복을 내리고 너를 저주하는 자에게는 내가 저주하리니 땅의 모든 족속이 너로 말미암아 복을 얻을 것이라 하신지라 이에 아브람이 여호와의 말씀을 따라갔고 롯도 그와 함께 갔으며 아브람이 하란을 떠날 때에 칠십오 세였더라"(창 12:1-4).

하나님은 아브라함을 선택하셔서 언약을 맺으신 후 오직 그에게만 관심을 두셨다. 하나님은 아브라함과 그의 후손을 특별히 대하신다. 하나님이 아브라함을 선택하신 것은 그를 "복"으로 세우셔서 모든 민족에게 "복"을 나눠주시기 위해서였다.[2] 이름이 창대케 되는 것은 어쩌면 개인적인 일이다. 그러나 큰 민족을 이루는 것은 국가가 세워진다는 의미고, 사람인 아브라함이 복이 된다는 것은 누군가의 모형이라 볼 수 있다. 나중에 살펴보겠지만 아브라함은 예수 그리스도가 나눠주실 복의 모형이다. 예수 그리스도가 복을 나눠주는 원형이시다. 하나님이 아브라함을 선택하시고 부르

■

2 마태복음의 마지막 결론(마 28:19-20)은 이것을 다시 재현하는 것으로 끝을 맺는다.

셔서 언약을 맺으신 것은 국가를 세우고 그의 이름을 높이는 것과 더불어 뭇 백성에게 복을 나눠주시기 위해서다.

생각해 보기

1. 하나님이 나를 선택하셨을까? 누가 이렇게 물으면 뭐라고 대답하지?
2. 나는 복이야! 그런데 어떤 복이지?
3. 지금 그 복을 잘 나눠주고 있는가?

2장

장자인데도 족보에서 빠진 이름들

²상 아브라함이 이삭을 낳고 이삭은 야곱을 낳고.
(이스마엘) (에서)

장자인 이스마엘과 에서의 이름이 족보에서 빠지다

구약성경에는 이스마엘과 에서의 족보가 기록되어 있는데 마태복음 족보에는 없다. 아브라함의 장자 '이스마엘'이 보이지 않고, 이삭의 장자 '에서'도 보이지 않는다. 하나님도 이스라엘 백성도 장자를 끔찍이 좋아하는데 왜 이 장자들의 이름이 족보에서 빠져 있는 것일까? 하나님의 자녀들이라면 이 사실을 반드시 알아야 하는데 별로 궁금해하는 사람이 없다. 내 이름 또한 하나님의 선택에서 빠질 수 있는데 왜 그들 이름이 족보에서 빠진 것이 궁금하지 않을까?

이스마엘은 언약 밖의 자손이기에 족보에서 빠졌다

아브라함은 하나님에게서 자녀를 약속받은 이후 모든 관심을 자녀에게 두었다. 그가 롯을 바벨론 지역 연합군에게서 구출해 돌려보내고 혼자 남았을 때 하나님이 그를 찾아와 위로해주셨다.

> "이 후에 여호와의 말씀이 환상 중에 아브람에게 임하여 이르시되 아브람아 두려워하지 말라 나는 네 방패요 너의 지극히 큰 상급이니라"(창 15:1).

아브라함은 기다렸다는 듯 하나님께 울분을 토해냈다.

> "아브람이 이르되 주 여호와여 무엇을 내게 주시려 하나이까 나는 자식이 없사오니 나의 상속자는 이 다메섹 사람 엘리에셀이니이다 아브람이 또 이르되 주께서 내게 씨를 주지 아니하셨으니 내 집에서 길린 자가 내 상속자가 될 것이니이다"(창 15:2-3).

하나님의 위로와 아브라함의 울분은 그 방향이 완전히 다르다. "두려워하지 말라. 나는 네 방패요 지극히 큰 상급이다"와 "무엇을 내게 주실 겁니까? 나는 자식이 없습니다. 하나님이 안 주셨으니 집에서 길린 자가 상속자입니다"는 내용상 흐름이 전혀 맞지 않는다. 동문서답이다. 하나님은 속상한 아브라함을 위로해주시면서 구체적인 약속을 주셨다.

> "여호와의 말씀이 그에게 임하여 이르시되 그 사람이 네 상속자가 아니라 네 몸에서 날 자가 네 상속자가 되리라 하시고"(창 15:4).

하나님은 아브라함의 몸에서 날 자가 그의 상속자가 된다고 하셨다. 이 말씀에 아브라함의 울분이 조금 풀렸다. 그는 사라를 찾아 말했다.

"하나님이 내 몸에서 나는 자가 상속자가 된다고 하셨습니다."

"그래요…그렇다면 이렇게 합시다. 내 몸종 하갈을 취해서 자식을 얻으면 되겠군요."

그렇게 해서 태어난 아들이 이스마엘이다. 하나님은 아브라함이 이스마엘을 낳자 13년 동안 아브라함과 교제를 단절하셨다. 그는 하나님이 말씀하신 아브라함의 몸에서 난 씨가 아니다. 아브라함의 몸에서 난 씨는 하나님이 짝지어주신 부부 사이에서 태어난 자녀라야 한다. 이스마엘의 이름이 족보에 기록되지 않은 것은 그가 하나님이 약속하신 아브라함의 자녀가 아니기 때문이다.

에서는 한 번도 기회를 얻지 못해 족보에서 빠졌다

에서는 한 번도 하나님의 마음을 바꿀 기회를 갖지 못했다. 즉, 이미 태중에서 정해진 것이지만 에서가 이 땅에 태어난 이후에도 그에게는 하나님의 마음을 살 기회가 없었다. 에서는 하나님과 하늘의 것에는 관심이 없었다.

> "야곱이 이르되 형의 장자의 명분을 오늘 내게 팔라 에서가 이르되 내가 죽게 되었으니 이 장자의 명분이 내게 무엇이 유익하리요"(창 25:31-32).

하나님은 자신이 선포하신 말씀을 이유 없이 변개하지 않으신다. 하나님은 이사야 선지자를 히스기야 왕에게 보내셔서 다음과 같이 예언하게 하셨다.

> "그 때에 히스기야가 병들어 죽게 되매 아모스의 아들 선지자 이사야가 그에게 나아와서 그에게 이르되 여호와의 말씀이 너는 집을 정리하라 네가 죽고 살지 못하리라 하셨나이다"(왕하 20:1).

히스기야는 이사야를 통해 병든 자신의 미래에 대한 하나님의 말씀을 전달받았다. 이사야가 들은 것은 "죽는다. 그러니 집을 정리해라!"였다. 이런 경우 "아! 나는 이제 끝났다"라고 생각하지 않을 사람이 없다. 하나님이 말씀하셨으니 그렇게 생각하지 않을 도리가 없다. 그러나 히스기야는 그렇게 생각하지 않았다. 벽을 향해 돌아앉아 하나님께 탄식하며 기도했다. 하나님은 그의 기도를 들으시고 15년 동안 생명을 연장해주셨다. 에서가 처한 상황도 마찬가지였다. 에서가 동생 야곱과 벌인 태중 싸움에서 패해 "큰 자가 작은 자를 섬기리라"는 하나님의 말씀이 선포되었지만 그것이 끝이 아니었다. 에서는 출생 후 그것을 반전시킬 기회를 얻을 수도 있었다. 그러나 에서는 단 한 번도 하나님의 마음을 바꿀 기회를 만들지 않았다. 그의 이름이 족보에서 빠진 것은 당연하다.

에서는 하나님의 미움이어서 족보에서 빠졌다

차남인 야곱은 족보에 이름이 있는데 장남인 에서는 왜 없는가? 하나님은 태중 싸움에서 패배한 에서가 동생 야곱을 섬기게 될 것을 예언하셨다. 이 싸움은 하나님께 큰 영향을 미친 것으로 보인다. 말라기 선지자는 이렇게 하나님의 마음을 전했다.

> "여호와께서 이르시되 내가 너희를 사랑하였노라 하나 너희는 이르기를 주께서 어떻게 우리를 사랑하셨나이까 하는도다 나 여호와가 말하노라 에서는 야곱의 형이 아니냐 그러나 내가 야곱을 사랑하였고 에서는 미워하였으며 그의 산들을 황폐하게 하였고 그의 산업을 광야의 이리들에게 넘겼느니라"(말 1:2-3).

하나님은 에서가 야곱의 형임에도 불구하고 그는 미워하고 야곱을 사랑하셨다. 에서는 이 땅에 태어난 후 단 한 번도 하나님의 사랑을 받을 기회를 만들지 않았다. 에서와 야곱의 시대가 지난 1500년 후 하나님은 말라기 선지자에게 "하나님이 이스라엘 백성을 사랑했다"고 말씀하시면서 "나는 야곱을 사랑했으나 에서는 미워했다"고 말씀하셨다. 하나님이 이스라엘을 사랑하신 이유를 설명하신 것이다. 이스라엘이 야곱의 후손이기에 사랑하신 것이다. 반대로 "하나님은 에서를 미워하셨다"고 하셨다. 하나님이 족보에서 에서의 이름을 빼신 것은 그가 하나님의 미움이었기 때문이다. 에서의 이름이 족보에서 빠진 것은 당연한 결과다.

생각해 보기

1. 구약 언약의 자손과 신약의 예수 믿는 성도 사이에는 일맥상통한 점이 있다. 나의 이름은 천국 생명책에 있을까?

2. 하나님은 천국 생명책에 어떤 사람들의 이름을 기록하실까?(참고. 계 3:1-6)[1]

3. '믿는 것'과 '믿는 대로 사는 것'은 같은 것인가? 다른 것인가?

1 오늘날 그리스도인들은 예수 믿으면 구원받고, 구원받았으니 당연히 천국 생명책에 이름이 있다고 믿는다. 신약성경의 마지막 책인 요한계시록 3장에 사데 교회를 향한 메시지를 꼼꼼히 살펴보면 이름이 생명책에서 빠질 수도 있다. "이기는 자는…생명책에서 결코 지우지 아니하고"라고 하신다. 무엇을 이겨야 하는 것일까?

3장

차자인데도 족보에 기록된 이름들

[2]상 아브라함이 이삭을 낳고 이삭은 야곱을 낳고.

하나님은 아브라함에게 큰 민족을 이루어주겠다고 언약을 맺으셨다(창 12:1-3). 앞 장에서 살펴보았듯이 하나님은 아브라함의 장남인 이스마엘을 족보에서 빼셨다. 또한 이삭의 장남인 에서도 족보에서 빼셨다. 하나님이 장남들을 빼고 차남들인 이삭과 야곱을 족보에 기록하신 의도와 목적은 무엇일까?

아브라함은 자녀 약속을 하나님에게서 받았다

우리 모두가 알고 있듯이 하나님은 아브라함을 갈대아 우르에서 선택하시고 불러내셔서 그와 언약을 맺으셨다.

"여호와께서 아브람에게 이르시되 너는 너의 고향과 친척과 아버지의 집을 떠나 내가 네게 보여 줄 땅으로 가라 내가 너로 큰 민족을 이루고 네게 복을 주어 네 이름을 창대하게 하리니 너는 복이 될지라 너를 축복하는 자에게는 내가 복을 내리고 너를 저주하는 자에게는 내가 저주하리니 땅의 모든 족속이 너로 말미암아 복을 얻을 것이라 하신지라"(창 12:1-3).

언약 가운데 "큰 민족을 이루어준다"는 내용이 있다. 그렇다면 어떻게 큰 민족을 이룰 수 있을까? 아브라함의 관심도 자신이 어떻게 큰 민족을 이룰 수 있을까에 있었다. 이에 대한 아브라함의 초기 생각은 자기 집에서 기른 몸종을 통해 민족을 형성하는 것이었다. 아브라함이 바벨론 5개국 연합군으로부터 롯을 구출해낸 직후 하나님이 그를 찾아오셔서 "나는 네 방패요 너의 지극히 큰 상급이다"(창 15:1)라고 위로하셨다. 이에 아브라함은 다음과 같이 반응했다.

"아브람이 이르되 주 여호와여 무엇을 내게 주시려 하나이까 나는 자식이 없사오니 나의 상속자는 이 다메섹 사람 엘리에셀이니이다 아브람이 또 이르되 주께서 내게 씨를 주지 아니하셨으니 내 집에서 길린 자가 내 상속자가 될 것이니이다"(창 15:2-3).

이삭은 언약의 자손으로 족보에 이름을 올렸다

아브라함은 86세에 이스마엘을 낳았다(창 16:16). 그러므로 이 사건은 하나님과 언약을 맺은 후 10여 년 정도 지난 시점에서 발생한 것이다. 대개 어떤 일에 대한 사람의 반응은 마음속에 품고 있던 것에서 나온다. 아브라함은 그 10년 동안 무슨 생각을 하면서 살았을까? 하나님이 어떻게 큰 민족을 이루어주실지 그 방법에 대해 생각했음이 틀림없다. 이때 하나님은 아브라함에게 "네 몸에서 날 자가 네 상속자가 된다"(창 15:4)고 알려주셨다. 그래서 아브라함은 아내 사라의 제안에 따라 몸종 하갈과 동침했다. 그래서 낳은 아들이 장남 이스마엘이다. 그러자 하나님은 아브라함과 13년 동안 교제를 단절하셨다. 13년 후에 하나님이 아브라함에게 다시 찾아오셔서 "나는 전능한 하나님이라 너는 내 앞에서 행하여 완전하라"(창 17:1)고 명령하시면서 그와 맺은 언약(창 12:1-2)을 상기시켜주셨다. 하나님은 아브라함에게 다음과 같이 언약을 밝히 설명해주셨다.

> "하나님이 이르시되 아니라 네 아내 사라가 네게 아들을 낳으리니 너는 그 이름을 이삭이라 하라 내가 그와 내 언약을 세우리니 그의 후손에게 영원한 언약이 되리라…내 언약은 내가 내년 이 시기에 사라가 네게 낳을 이삭과 세우리라"(창 17:19, 21).

이삭은 하나님이 언약하신 자손으로 이 땅에 태어났다. 이스마엘은 아브라함의 씨이기는 하지만 언약의 자손이 아니다. 이삭은 아브라함의 씨요 동시에 하나님의 언약 자손이다. 이삭이 족보에 기록된 것은 하나님의 언약 자손이기 때문이다. 하나님은 기분에 따라 아무렇게나 행동하시지 않는다. 그분의 의도와 목적을 따라, 즉 언약을 따라 움직이신다.

야곱은 언약의 자손답게 하나님과 하늘의 것을 사모했다

이삭이 언약의 자손이므로 에서와 야곱 또한 언약의 자손이다. 그들 모두 족보에 이름을 올릴 수 있다는 뜻이다. 그러나 에서는 그 이름이 족보에서 빠졌다. 그는 하나님의 마음을 살 기회를 갖지 못했다. 그는 하나님이 미워하시는 자로 평생을 살았다. 그렇다면 야곱은 단순히 언약의 자손이기 때문에 족보에 이름을 올린 것일까? 그는 태중에서부터 하늘의 것을 사모했다.

> "그 아들들이 그의 태 속에서 서로 싸우는지라 그가 이르되 이럴 경우에는 내가 어찌할꼬 하고 가서 여호와께 묻자온대 여호와께서 그에게 이르시되 두 국민이 네 태중에 있구나 두 민족이 네 복중에서부터 나누이리라 이 족속이 저 족속보다 강하겠고 큰 자가 어린 자를 섬기리라 하셨더라"(창 25:22-23).

리브가는 20년 동안 임신하지 못하다가 이삭의 정성 어린 기도로 임신했다. 그런데 그다음이 문제였다. 태중의 쌍둥이가 너무 심하게 싸운 것이다. 리브가는 하나님께 나아가 이들이 왜 싸우는지를 여쭈었다. 하나님은 싸움의 이유에 대해서는 설명해주지 않으시고 이렇게 말씀하셨다 "두 국민이 태중에 있다. 복중에서부터 두 국민이 나뉜다. 큰 자가 어린 자를 섬긴다." 리브가와 이삭은 태중에서 싸우는 둘 중 누가 이기고 있는지, 그리고 무슨 이유 때문에 서로 싸우는지 알 수 없었다. 하나님은 누가 이기고 있고 왜 싸우는지 다 아셨기에 그 상황에 맞게 대답하셨다. 출생 이후 그들의 살아가는 모습을 보니 왜 서로 싸웠는지, 하나님이 왜 그런 결정을 내리셨는지가 분명히 보인다.

> "야곱이 이르되 형의 장자의 명분을 오늘 내게 팔라 에서가 이르되 내가 죽게 되었으니 이 장자의 명분이 내게 무엇이 유익하리요"(창 25:31-32).

에서의 관심은 세상일에만 있었고 하나님과 하늘의 것에는 전혀 없었다. 그러나 야곱은 정반대였다. 하나님이 야곱을 족보에 기록하신 것은 그가 하나님과 하늘의 것에 목숨 건 인생을 살았기 때문이다.

야곱은 하나님의 사랑을 받고 족보에 이름을 올렸다

하나님은 그런 야곱을 사랑하셨다. 하나님은 1500년 후 말라기 선지자를 통해 그에 대해 말씀하셨다.

> "여호와께서 이르시되 내가 너희를 사랑하였노라 하나 너희는 이르기를 주께서 어떻게 우리를 사랑하셨나이까 하는도다 나 여호와가 말하노라 에서는 야곱의 형이 아니냐 그러나 내가 야곱을 사랑하였고 에서는 미워하였으며 그의 산들을 황폐하게 하였고 그의 산업을 광야의 이리들에게 넘겼느니라"(말 1:2-3).

하나님은 말라기 선지자에게 자신이 야곱을 사랑했다고 고백하셨다. 야곱은 하나님과 하늘의 것을 사모했고, 하나님의 사랑을 받아 족보에 이름을 올렸다.

생각해 보기

1. 하나님은 마음을 바꾸기도 하신다. 이에 대해 어떻게 생각하는가?

2. 하나님의 사랑을 받을 수밖에 없는 삶이 있는가?

3. 지금 나의 삶은 천국 생명책에 어떻게 기록되고 있을까?

4장
야곱에게 열두 아들을 주신 이유

[2하] 야곱은 유다와 그의 형제들을 낳고.

한 민족의 시조로 선택받은 아브라함에게도, 영원한 언약의 씨로 약속받은 이삭에게도 하나님께 버림받은 자녀가 있었지만 야곱에게는 그런 자녀가 없었다. 여기에서 전통적인 족보 기록을 깨뜨린 첫 번째 파격이 등장한다. "야곱은 유다와 그 형제들을 낳고"라고 기록되었다. 전통적인 족보 기록법은 "야곱은 유다를 낳았다"이다. 이 파격에 담긴 하나님의 의도와 목적은 무엇일까?

야곱에게는 버림받은 자녀들이 없다

"야곱은 유다와 그의 형제들을 낳고"라고 하면서 야곱의 열두 아들 모두가 족보에 기록되었다. 야곱의 열두 아들 가운데는 왜 탈락자가 없는 것일까? 물론 하나님이 그의 열두 아들을 통해 민족의 기초를 놓기로 작정하셨기 때문일 것이다. 하나님은 왜 야곱과 그의 아들들로 민족의 기초를 놓으셨을까? 그 이유는 야곱의 삶에 있다.

> "그 아들들이 그의 태 속에서 서로 싸우는지라 그가 이르되 이럴 경우에는 내가 어찌할꼬 하고 가서 여호와께 묻자온대 여호와께서 그에게 이르시되 두 국민이 네 태중에 있구나 두 민족이 네 복중에서부터 나누이리라 이 족속이 저 족속보다 강하겠고 큰 자가 어린 자를 섬기리라 하셨더라"(창 25:22-23).

리브가는 태중에 있는 두 아이가 서로 싸우는 것을 알았다. "싸웠다"(רָצַץ, 라차츠)는 말은 "눌러서 뭉개다, 으깨다, 분쇄하다"라는 의미로서, 호팔 미완료형[1]으로 쓰였다. 그들은 어떤 힘에 의해 다퉜는데 그 정도가 장난을 치며 노는 수준을 벗어나 계속해서 지나치게 싸웠다. 리브가는 태중에서는 있을 수 없는 일이 일어났기에 여호와께 나아가 왜 이런 일이 있는지를 여쭈었다. 하나님의 답변은 명쾌했다. "복중에서 두 민족이 나뉜다. 큰 자가 작은 자를 섬긴다." 야곱이 태중에서 형 에서와 싸운 내용은 그가 태어난 후의 언행에서 알 수 있다. 그는 하늘의 것, 하나님의 유업을 사모했다.

고대 근동사회의 장자권은 크게 세 가지를 중시했다. 유업의 두 배, 제사장권, 왕권이다. 하나님은 야곱의 열두 아들 가운데 세 명에게 이 권한들을 위임해주셨다.[2] 하나님이 야곱의 열두 아들을 모두 족보에 기록하신 것은 그분의 섭리이기도 하지만 야곱이 하늘의 유업을 사모한 결과 때문인 것으로 보인다. 아브라함은 선택받고 부름받았지만 아들에 집착했고,

■

1 호팔형은 사역 수동형을 의미한다.

2 제사장권은 레위 지파에게, 왕권은 유다 지파에게, 유업의 두 배는 요셉 지파에게 주어졌다.

이삭은 언약의 아들이었지만 아내가 말해준 하나님의 계획을 알고도 인간적인 기준을 따라 움직였다. 그들에 비하면 야곱은 하늘의 것에 목숨을 건 인물이었다. 하나님이 이것을 보시고 야곱의 열두 아들 모두를 선택하셔서 민족의 기초로 삼으시고 족보에 기록하셨다.

하나님은 야곱을 통해 민족의 기초를 세우셨다

하나님은 아브라함과 언약을 맺으시고 그것을 이루시기 위해 움직이셨다. 아브라함은 하나님의 약속을 받았지만 언약의 자손은 단 한 명 이삭을 보는 것으로 그의 일생을 마쳤다. 그는 하나님 곁에서 하나님이 자신에게 하신 약속을 이행하시는 것을 지켜보았다. 하나님이 아브라함에게 하신 약속은 손자 야곱에 이르자 그 모습이 드러났다. 하나님은 오직 하나님과 하늘의 것밖에 모르는 야곱에게 열두 아들을 주시고 선별하여 세우셨다. 하나님이 열두 아들을 주신 이유는 그들 열두 명을 각 지파로 세워 국가의 기초를 삼으시기 위해서였다. 아브라함과 맺은 언약을 구체적으로 실천하시기 위한 하나님의 계획이 진일보한 것이다.

하나님이 야곱을 통해 민족의 기초를 세우신 이유

야곱은 태중에서부터 형 에서와 나뉘었다. 하나님은 그것을 이렇게 선포하셨다.

> "여호와께서 그에게 이르시되 두 국민이 네 태중에 있구나 두 민족이 네 복중에서부터 나누이리라 이 족속이 저 족속보다 강하겠고 큰 자가 어린 자를 섬기리라 하셨더라"(창 25:23).

하나님이 예언하신 대로 야곱과 에서의 싸움은 출생 이후에도 계속되었다. 형제간에 서로 싸운다는 것은 육신적인 세계에서 하는 이야기다. 영적인 세계는 싸우지 않고 얻는 것이 없다. 결코 저절로 주어지지 않는다. 그래서 예수님은 "천국은 침노하는 자의 것이다"고 하셨다. 야곱의 싸움은 혈과 육에 대한 싸움이 아니라 장자권에 대한 싸움이었다.

> "야곱이 이르되 오늘 내게 맹세하라 에서가 맹세하고 장자의 명분을 야곱에게 판지라"(창 25:33).

하나님은 왜 형 에서가 아닌 동생 야곱을 통해 민족의 기초를 놓으셨을까? 에서가 장자의 명분에 별 관심이 없었다는 것은 주지의 사실이다. 반면 야곱은 형의 장자권을 자기 것으로 만들기 위해 인생을 걸었다. 그 당시 고대 근동사회는 장자권을 다음과 같이 이해했다. 장자는 아버지 유산의 두 분깃을 받고(신 21:17), 가족 전체의 대표권과 결정권을 가지며(대하 11:22), 아버지의 대를 이을 수 있고(대하 21:3), 아버지에게서 축복받을 권한을 가지며(창 26:36), 가장으로서 하나님 앞에 가정의 제사장 역할을 감당했다. 하나님은 이것을 쟁취하기 위해 인생을 건 야곱에게 열두 아들을 주시고, 그들로 열두 지파를 이루어 민족의 기초를 놓으셨다. 하나님은 야곱의 자손을 통해 두 가지 특별한 계획도 세우셨다. 첫째는 5장에서 살펴볼 요셉의 꿈 이야기에 담겨있고, 둘째는 6장에서 살펴볼 유다 이야기에 계시되어 있다.

생각해 보기

1. 나는 지금 무엇에 열심을 내고 있는가?

2. 하나님은 지금 내 열심을 보시고 어떻게 생각하실까?

3. 하나님이 지금 나를 쓰신다면 무엇을 보고 쓰실까?

5장

하나님이 요셉에게 꿈을 주신 이유

[2하] 야곱은 유다와 그의 형제들을 낳고, (요셉이 이 속에 포함되어 있다.)

Ἰακὼβ δὲ ἐγέννησεν τὸν Ἰούδαν καὶ τοὺς ἀδελφοὺς αὐτοῦ·

야곱의 장남은 르우벤이다. 마태복음의 족보에는 장남의 흔적이 전혀 보이지 않는다. 유다는 넷째 아들인데 장남처럼 언급되고 있다. 요셉의 이름이 족보에 보이지 않지만 타임머신을 타고 그 시대로 돌아가면 요셉에 대한 기록이 가장 길다.[1] 하나님이 '요셉에게 꿈을 꾸게 하신 이유'를 먼저 살펴보려는 이유가 이 때문이다. 앞 장 마지막에 언급했던 하나님의 두 가지 계획 중 유다를 향한 계획은 요셉 이야기를 시작한 직후 그의 이야기를 끊고 언급되어 있다.

1 창세기 37-50장까지 요셉의 기록이다.

요셉은 예수님의 예표가 아니다

내가 주일학교 교사를 하며 잘못 가르친 것 가운데 하나가 요셉에 대한 말씀이다. 나는 신학교에서 구속사를 배우면서 요셉은 예수님의 예표라고 배웠다. 또 여러 목사님들의 설교에서도 그렇게 들었다. 나는 배운 대로 가르쳤다. 1985년부터 네비게이토 제자훈련을 받으면서 한 달에 한 번씩 성경을 통독했다.[2] 처음에는 지루하고 내용이 서로 이어지지 않았는데 매달 성경을 통독하니 흐름이 잡히기 시작했다. 그러면서 내 안에서 가장 먼저 제기된 질문이 "요셉이 예수님의 예표라고?"였다. 물론 구속사적으로 요셉이 예수님의 예표라고 말할 수 있는 근거가 있을 것이다. 그러나 그 이전에 요셉은 하나님이 아브라함에게 하신 언약을 성취하기 위해 선택되어 세워진 인물이다. 하나님은 아브라함에게 "가나안 땅을 400년, 4세대 후에 주겠다고 약속하시며 한 나라의 종살이를 할 것이다"(창 15:13-16)고 하셨다. 요셉은 이스라엘이 바로 그 한 나라에서 종살이하기 위해 하나님이 세우신 인물이다. 즉, 요셉은 이집트에 노예로 팔려가, 후일 이집트의 총리가 되고, 흉년을 계기로 아버지 야곱과 온 가족이 이집트에 내려오게 되는 계기를 만드는 인물이다. 그러므로 요셉은 예수님의 예표가 아니라 아브라함 언약 성취에 쓰임받은 인물이다.

요셉의 꿈은 아브라함 언약 성취를 위한 계시다

하나님이 아브라함을 선택하시고 부르셔서 언약을 맺으셨을 때는 '땅'이 언급되지 않았다. 큰 민족이 살려면 당연히 땅이 있어야 한다. 하나님은

---

2 매일 60페이지씩 읽으면 30일 동안 성경을 한 번 읽을 수 있다. 40페이지씩 읽으면 한 달 반, 30페이지씩 읽으면 두 달에 한 번 읽을 수 있다.

땅에 대한 계시를 밝히셨다.

> "해 질 때에 아브람에게 깊은 잠이 임하고 큰 흑암과 두려움이 그에게 임하였더니 여호와께서 아브람에게 이르시되 너는 반드시 알라 네 자손이 이방에서 객이 되어 그들을 섬기겠고 그들은 사백 년 동안 네 자손을 괴롭히리니 그들이 섬기는 나라를 내가 징벌할지며 그 후에 네 자손이 큰 재물을 이끌고 나오리라 너는 장수하다가 평안히 조상에게로 돌아가 장사될 것이요 네 자손은 사대 만에 이 땅으로 돌아오리니 이는 아모리 족속의 죄악이 아직 가득 차지 아니함이니라 하시더니"(창 15:12-16).

하나님은 아브라함에게 큰 민족을 이루어주시고 그들이 살 땅을 주실 것인데, 지금이 아닌 400년 후에 주신다고 약속하셨다. 그들은 이방에서 객이 되어 그들을 섬겨야 하고 사대 만에 부자가 되어 약속의 땅으로 돌아오게 될 것이다. 하나님은 이 일을 성취하시려고 야곱의 열두 아들 가운데 요셉을 선택하시고 꿈을 주셨다.

> "우리가 밭에서 곡식 단을 묶더니 내 단은 일어서고 당신들의 단은 내 단을 둘러서서 절하더이다…요셉이 다시 꿈을 꾸고 그의 형들에게 말하여 이르되 내가 또 꿈을 꾼즉 해와 달과 열 한 별이 내게 절하더이다 하니라"(창 37:7, 9).

요셉은 하나님의 계획 속에서 비전을 받았고, 형들의 시기로 이집트 땅으로 팔려갔다. 하나님이 그와 함께하심으로 그는 한 가정의 총무, 감옥의 총무를 거쳐 강대국 이집트의 총리가 되었다(창 41:37-43). 7년 풍년 후 7년 흉년이 들자 요셉의 아버지 야곱은 온 가족을 데리고 이집트로 내려갔고(창 46:7), 이것을 계기로 이스라엘은 이방의 객이 되었다. 요셉을 알지 못하는 이집트 왕이 등장하자 야곱의 후손은 노예생활을 하게 된다. 이것은 하나님이 아브라함에게 맺으신 언약이 성취되는 과정이다. 요셉의 비전은 아브라함 언약이 성취되도록 노예생활이 시작되는 계기를 위한 것이었다.

생각해 보기

1. 나는 어떤 비전을 받았는가?

2. 그 비전이 일사천리로 이루어지길 바라고 있는가? 그 결과는 무엇일까?

3. 내가 받은 비전의 끝에서 무엇을 볼 수 있을까?

6장
요셉 이야기 속의 유다 이야기

[2하] 야곱은 유다와 그의 형제들을 낳고,

Ιακὼβ δὲ ἐγέννησεν τὸν Ἰούδαν καὶ τοὺς ἀδελφοὺς αὐτοῦ·

야곱의 장남은 르우벤이다. 마태복음의 족보에는 장남의 흔적이 전혀 보이지 않는다. 그러나 넷째 아들 유다는 마치 장남처럼 언급되고 있다. 하나님이 유다를 장남처럼 언급하신 데는 이유가 있을 것이다. 장자를 중시하는 고대 근동사회의 문화적 배경을 볼 때 그것은 자명하다. 창세기의 흐름을 보면 37장에서 요셉의 꿈을 통한 비전 이야기가 시작되는데 38장에서 그 흐름이 잠시 끊기고 유다 이야기가 기록된다. 그리고 39장에서 다시 요셉 이야기가 이어진다. 성경 이야기를 보자.

> "그 미디안 사람들은 그를(요셉) 애굽에서 바로의 신하 친위대장 보디발에게 팔았더라"(창 37:36).

"그 후에 유다가 자기 형제들로부터 떠나 내려가서 아둘람 사람 히라와 가까이 하니라"(창 38:1).

"요셉이 이끌려 애굽에 내려가매 바로의 신하 친위대장 애굽 사람 보디발이 그를 그리로 데려간 이스마엘 사람의 손에서 요셉을 사니라"(창 39:1).

이 구절들은 유다 이야기가 그만큼 중요하다는 것을 보여주고 있다. 보통 히브리 문학에서 파격을 취할 때는 중요한 의도가 숨어있다. 요셉은 이집트 친위대장 보디발에게 노예로 팔렸다. 모든 독자가 "그럼 요셉의 꿈 이야기는 어떻게 되는 것인가?" 하고 궁금해할 시점에 하나님은 요셉 이야기를 중단하셨다. 하나님이 요셉 이야기를 중간에 끊으시고 유다 이야기를 하시는 이유는 무엇일까?

유다의 후손을 통해 왕이 세워진다

야곱은 장자권을 사모했다. 하나님은 이러한 야곱이 마음에 드셨다. 하나님은 그의 열두 아들을 통해 민족의 기초를 놓으시고, 요셉을 통해 아브라함 언약 성취의 기초를 놓으셨다. 거기에 또 유다를 통해 왕권의 기초까지 놓으셨다.

"유다야 너는 네 형제의 찬송이 될지라 네 손이 네 원수의 목을 잡을 것이요 네 아버지의 아들들이 네 앞에 절하리로다 유다는 사자 새끼로다 내 아들아 너는 움킨 것을 찢고 올라갔도다 그가 엎드리고 웅크림이 수사자 같고 암사자 같으니 누가 그를 범할 수 있으랴 규가 유다를 떠나지 아니하며 통치자의 지팡이가 그 발 사이에서 떠나지 아니하기를 실로가 오시기까지 이르리니 그에게 모든 백성이 복종하리로다”(창 49:8–10).

하나님은 임종을 앞둔 야곱이 자녀들을 위해 축복하게 하셨다. 하나님은 그때 자신의 계획을 드러내 보이셨다. 유다의 후손을 통해 “규가 떠나지 않고, 통치자의 지팡이가 실로가 오시기까지 이른다”고 약속하셨다. “규”는 왕권을 의미한다. 유다 지파에 속한 갈렙은 헤브론 땅을 분배해달라고 요구해 그것을 받았다(수 13–14장). 유다 지파의 후손인 다윗은 유다 지파 갈렙이 분배받은 헤브론 땅에서 왕으로 즉위하여 7년 8개월을 다스렸다(삼하 5:4–5). 계속해서 살펴보겠지만 다말이 등장하는 이유, 라합이 족보에 기록된 이유, 룻을 통한 후사와 기업 잇기 제도 등이 등장하는 것은 하나님이 언약하신 유다 지파를 통해 왕권을 세우시기 위한 하나님의 섭리다. 하나님은 자신의 때에 새로운 계시를 위해 이야기의 연속성을 끊기도 하시는 분이다. 유다 이야기가 바로 그 예다.

유다 사건은 새 계시의 역사적 근거가 된다

하나님이 유다를 등장시키신 것은 야곱의 아들 유다와 그의 후손을 통해 왕을 세우시려는 계시를 드러내시기 위해서다. 일부 학자들이 주상하는 것처럼 후대에 어떤 특정인이 이것을 삽입한 것이 아니라 하나님이 자신의 계획을 성취하시려고 역사적 토대를 마련하신 것이다. 요셉이 이집트로 팔려간 사건 직후 유다 사건이 기록되고, 다시 요셉의 이집트 생활로 이어진다. 이러한 기록은 특별한 의도가 엿보인다. 즉, 요셉이 이집트로 팔려간 사건과 유다 사건이 동시에 일어난 것임을 말하려는 것이다. 설령 연대기적으로 그렇지 않더라도 하나님은 그 효과를 노리신 것이다. 아울러 요셉이 두 지파의 몫을 받게 되고, 유다가 왕권을 계승하게 되는 점을 은연중에 알리시려는 하나님의 의도 또한 엿볼 수 있다.

후에 이스라엘 백성이 이집트를 탈출한 후 발람 선지자는 "한 별이 야곱에게서 나오며"(민 24:17)라고 예언했다. 하나님의 그 계획이 이루어질 때가 점점 가까이 오고 있는 것이다. 인간의 눈으로는 아직도 500여 년이나 남았지만 하나님의 시각으로 보면 얼마 남지 않은 것이다.

생각해 보기

1. 내 삶에 불쑥 들어온 일은 없는가?

2. 내가 가족이나 다른 사람의 일에 불쑥 뛰어든 일은 없는가?

3. 왜 그랬을까? 하나님의 계획이었을까? 그렇다면 어떤 계획일까?

7장

다말은 시아버지와 불륜을 저지른 것이 아니다

3상 유다는 다말에게서 베레스와 세라를 낳고.

'Ιούδας δὲ ἐγέννησεν τὸν Φαρὲς καὶ τὸν Ζαρὰ ἐκ τῆς Θαμάρ

전통적인 족보에는 여인의 이름이 없다. 여기에서 족보 기록 방법을 깨뜨린 두 번째 파격이 등장하는데, 그 파격은 두 가지로 기록되어 있다. 두 번째 파격에 담긴 하나님의 의도와 목적은 무엇일까?

족보의 이름들은 그들의 삶을 압축하고 있다

"아브라함이 이삭을 낳다"는 식의 전통적인 족보 기록 방법이 깨지고 처음으로 '여자'의 이름이 등장하는 파격을 취하여 "유다는 다말에게서 베레스와 세라를 낳았다"고 기록되었다. 그리고 또 다른 한 가지 파격은 두 아들의 이름이 동시에 언급된 것이다. 유다와 다말 사건은 대략 BC 1850-1650 전에 일어났다.[1] 1850-1650년 전에 일어난 사건이 "유다는 다말에게서 베레스와 세라를 낳았다"는 단 한 문장으로 요약되어 기록된 것이다.

여기에는 많은 의미가 함축되어 있는데 그것을 찾아내는 것이 나와 독자의 몫이다. 하나님은 성경에 결론을 제시하시는 경우가 많지 않다. 하나님 말씀을 대하는 독자들이 결론을 내려 자기 삶으로 살아내도록 이끄셨다. 하나님은 그 당시 큰 반향을 일으켰을 이 기이한 사건을 통해 무엇을 말씀하시려는 것인가?

전통적인 해석 방법은 아주 간단한다. 다말은 도덕적으로 문제가 있는 여자임에도 족보에 그러한 사람까지 포함됨으로써 죄인을 구원하신 하나님의 사랑을 볼 수 있다는 것이다. 좋은 발견이다. 그러나 나의 마음에는 질문이 계속된다. BC 2000–1800년 사이의 사건인 창세기 37–39장의 내용 배열을 보면 그것이 보통 사건이 아니기 때문이다.[2]

하나님은 유다 이야기에 모든 관심을 집중하셨다

이미 살펴보았지만 되새겨보자. 요셉이 꾼 두 번의 꿈은 무엇을 의미하는가? 요셉의 비전 이야기는 하나님이 아브라함에게 하신 약속 성취 때문에 등장한다. 하나님은 아브라함에게 "지금 가나안 땅을 주지 않는다. 4세대 400년 후에 가나안 땅을 준다. 그런데 이스라엘 민족은 한 나라에 의해

■

1 모세의 이집트 탈출기에 대해서는 BC 1440년 설과 BC 1250년 설을 놓고 지금도 논쟁이 이어지고 있다. 전기 연대설을 주장하는 학자들은 열왕기상 6장 1절에 이스라엘 자손이 이집트 땅에서 나온 지 480년 만에 솔로몬이 예루살렘 성전을 건축했다는 기록에 근거한다. 솔로몬의 성전건축 연대는 BC 960년경으로 추정되는데 여기에 480년을 더하면 BC 1440년경이 된다. 후기 연대설은 출애굽기 1장 11절에 히브리 사람들이 두 개의 국고성, 즉 비돔과 라암셋을 세웠다고 기록하고 있다. 고고학 발굴을 통해 이 건축물은 BC 13세기 라암세스 2세(BC 1304-1237)에 의해 건축된 것이 밝혀졌기 때문이다. 출애굽의 BC 1440년 설과 BC 1250년 설이 중요한 것은 유다와 다말 사건이 일어난 시기적인 문제 때문이다. 전기 연대설을 취하면 이 사건은 약 BC 1850년대에 일어났고, 후기 연대설을 취하면 이 사건은 약 BC 1650년에 일어났다.

2 학자들 사이에는 창세기 38장이 큰 논쟁거리이고 지금도 논쟁하고 있다. "후대 삽입설"이 가장 크게 부각되고 있다. 유대인들이 다윗의 왕위가 하나님에게서 온 것이란 정통성을 확보하기 위해 후대에 삽입했다고 본다. 이것은 인간의 생각이다.

노예생활을 하게 될 것이다. 그 후에 부자가 되어 그 나라를 탈출하게 될 것이다"(창 15:12-21)고 말씀하셨다. 바로 이 약속의 성취를 위해 하나님은 요셉에게 꿈을 꾸게 하셨다. 형들의 시기로 요셉은 이집트 왕 바로의 신하 보디발 집에 팔렸다(창 37:36). 성경의 기자는 요셉 이야기를 여기에서 잠시 끊고 유다 이야기를 가지고 들어와 한 장을 기록했다(창 38장). 그리고 다시 요셉의 이야기를 기록했다(창 39:1).

> "그 미디안 사람들은 그를(요셉을) 애굽에서 바로의 신하 친위대장 보디발에게 팔았더라"(창 37:36).

유다 이야기(창 38:1-30)가 나온 후 다시 요셉 이야기로 돌아간다.

> "요셉이 이끌려 애굽에 내려가매 바로의 신하 친위대장 애굽 사람 보디발이 그를 그리로 데려간 이스마엘 사람의 손에서 요셉을 사니라"(창 39:1).

유다 이야기는 하나님의 새로운 계시를 위한 기초다

하나님이 아브라함에게 하신 약속 성취를 위해 요셉을 등장시키셨는데 그것을 잠시 끊고 유다를 등장시키신 이유가 무엇일까? 요셉은 아브라함에게 하신 약속 성취를 위해 시동을 거는 인물이다. 그가 이집트에 팔려간 것이 계기가 되어 아버지 야곱과 모든 가족이 이집트로 내려가게 되었고, 이로써 이스라엘이 400년 동안 노예생활의 길로 들어서게 되었다(창 46:7). 즉, 하나님이 아브라함에게 하신 언약 성취의 길을 열게 되었다. 그런데 하나님이 이 흐름을 끊으시고 유다를 등장시키셨다. 왜 그러셨을까? 하나님이 시시한 이야기를 하시려고 요셉 이야기를 중단하지는 않으셨을 것이다. 파격에는 분명한 이유가 있다. 하나님은 아주 중요한 이야기를 하시려고 요셉 이야기를 끊으시고 모든 사람의 관심을 유다 이야기에 집중시키셨다. 하나님은 또 다른 계획을 하고 계셨다. 하지만 그 계획이 창세기 38장에서는 보이지 않는다. 그런데 성경을 조금만 더 읽으면 보이기 시작한다.

> "유다야 너는 네 형제의 찬송이 될지라 네 손이 네 원수의 목을 잡을 것이요 네 아버지의 아들들이 네 앞에 절하리로다 유다는 사자 새끼로다 내 아들아 너는 움킨 것을 찢고 올라갔도다 그가 엎드리고 웅크림이 수사자 같고 암사자 같으니 누가 그를 범할 수 있으랴 규(the sceptre)가 유다를 떠나지 아니하며 통치자의 지팡이(a lawgiver)가 그 발 사이에서 떠나지 아니하기를 실로가 오시기까지 이르리니 그에게 모든 백성이 복종하리로다"(창 49:8-10).

하나님은 유다와 그의 후손을 향한 놀라운 계획을 가지고 계셨다. 하나님은 이 놀라운 계획에 대한 계시를 가지고 계셨다. 그러나 유다는 이 계획을 알지 못하고 하나님에게서 멀리멀리 떠나고 있었다.

유다는 하나님의 계획을 파괴하는 삶을 살았다

유다에게는 세 명의 아들이 있었다. 엘과 오난과 셀라다. 그는 다말이라는 여인을 데려와 엘과 짝을 맺어주었다. 하나님이 보시기에 엘은 악했다. 하나님은 그를 죽이셨다(창 38:7). 유다는 엘의 후손을 위해 둘째 아들 오난을 형수에게 들여보냈다. 오난은 형의 후손을 잇는 것이 싫어 성관계 후 땅에 설정했다. 하나님은 오난의 행위를 악하게 보셨다. 그래서 그도 죽이셨다(창 38:10). 유다는 근심하기 시작했다. 그는 아직 장성하지 않은 막내아들 셀라의 생명을 보존하기 위해 다말을 친정으로 돌려보내기로 결정했다.

> “유다가 그의 며느리 다말에게 이르되 수절하고 네 아버지 집에 있어 내 아들 셀라가 장성하기를 기다리라 하니 셀라도 그 형들 같이 죽을까 염려함이라 다말이 가서 그의 아버지 집에 있으니라”(창 38:11).

유다는 아들 셀라도 형들처럼 죽을까 염려해 다말을 친정으로 돌려보내며 “수절하고 셀라가 장성하기를 기다리라”고 했다. 유다는 셀라가 장성했지만 며느리 다말을 부르지 않았고 아들을 다말에게 주지 않았다. 유다는 ‘하나님의 후손 잇기 제도’에 정면으로 도전했다. 유다는 부지불식간에 하나님이 계획하고 계신 새로운 계시를 거부하고 대적하는 삶을 살았다.

유다는 인간적인 생각에 사로잡혀 살았다

유다는 큰아들 엘과 둘째 아들 오난이 왜 죽었는지 몰랐다. 그렇기 때문에 인간적인 결정을 하며 하나님의 계획에서 어긋났다. 하지만 알았다 해도 그렇게 결정했을 것이다. 그는 이렇게 생각했을 것이다. 자기에게 세 아들이 있었는데 두 아들이 죽었다. 두 아들은 다말이란 여인과 관련해서 죽었다.

“다말은 보통 기가 센 여인이 아니다. 남자를 잡아먹는 힘을 가지고 있어. 셋째 아들 셀라도 다말에게 주면 죽을 거야!”

이것은 순전히 인간적인 생각일 뿐이다. 두 아들이 악해서 하나님이 죽이신 것이지 다말이 기가 세 그런 것이 아니다. 하나님은 유다의 악한 아들들(엘과 오난)을 통해 자신의 놀라운 계획(창 49:8-10)을 이루실 생각이 없었다. 하나님은 유다의 후손을 새롭게 구성하기 원하셨다. 유다의 어리석은 결정 이후 셋째 아들 셀라의 이름은 등장하지 않는다. 하나님은 유다가 인간적인 수단과 방법을 동원해 셋째 아들을 보호하자 그도 버리신 것으로 보인다.

다말은 창녀가 아닌 순종의 여인이다

다말은 시아버지가 "수절하고 네 아버지 집에 있어 내 아들 셀라가 장성하기를 기다리라"(창 38:11)고 명하자 절대 순종했다. 그녀는 친정으로 돌아갔다. 그녀는 오랜 세월이 지나도록 불평 한 마디 하지 않고 순종하며 기다렸다. 셀라가 성인이 되는 데 필요한 시간이 충분히 흘렀다. 그렇지만 시아버지는 그녀를 부르지 않았다. 그래도 다말은 시아버지에게 가보도록 친정아버지에게 요청하지 않았다. 다른 인편을 보내 묻지도 않았다. 시아버지가 자신을 부를 때까지 기다렸다. 기다리고 또 기다렸다. 그러나 시아버지는 그녀를 부르지 않았다. 다말은 순종하며 기다림의 삶을 산 여인이다.

유다는 시아버지의 불의에 항거하기 위해 그를 외간 남자로 대하려고 면막을 하고 앉은 다말을 보고 창녀(לְזוֹנָה, 레조나)라고 생각했다(창 38:15). '레'는 전치사이고, 히브리어 '조나'는 "기생"[זוֹנָה, 라합(수 2:1)]이라고 할 때도 사용되었다. 유다가 다말을 창녀로 본 것은 그의 생각일 뿐이다. 유다가 일을 저지른 후 그 대신 심부름을 보낸 아둘람 사람이 "에나임에 창녀(הַקְּדֵשָׁה, 하크데샤)가 어디 있느냐?"(창 38:21)고 물었다. 더 정확하게 말하면 '하'가 정관사이므로 "그 창녀(길 곁 에나임에 있던)가 어디 있느냐?"고 물었다. 에나임 사람들은 "여기는 창녀가 없느니라"(창 38:21)고 대답했다. 즉, 유다는 어제 본 다말을 창녀로 여겼으나 에나임 사람들은 다말을 여인으로 보았다. 왜냐하면 그 지역에는 창녀가 없었기 때문이다. 다말은 창녀가 아니었다.

다말은 시아버지의 불의에 항거해 정의를 실현했다

다말은 시아버지가 자신이 사는 딤나 에나임으로 양털을 깎기 위해 올라왔다는 소식을 들었다(창 38:13). 다말은 과부 의복을 벗고 면박으로 얼굴을 가리고 온 몸을 휩싼 후 딤나 길 곁 에나임 문에 앉았다(창 38:14). 다말의 이 행동이 창녀의 행위인가?

> "종에게 말하되 들에서 배회하다가 우리에게로 마주 오는 자가 누구냐 종이 이르되 이는 내 주인이니이다 리브가가 너울을 가지고 자기의 얼굴을 가리더라"(창 24:65).

다말은 면막으로 얼굴을 가렸고, 리브가는 이삭을 맞이하며 너울로 얼굴을 가렸다. 면막과 너울(צָעִיף, 차이프)은 히브리어로 동일하다. 리브가의 행동이 창녀의 행위는 아니었다. 이것은 고대 근동사회의 문화다. 고대 근동사회에서는 여성이 너울로 얼굴을 가리는 것은 외간 남자를 대할 때 갖추는 예의였다. 다말이 너울로 얼굴을 가린 것은 일상적인 행동일 뿐이었다. 그러나 그 행동은 고의적이었다. 그렇다고 그것이 그렇게 나쁜 행동인가? 죄악시해야 할 행동인가? 유다는 자신의 속마음을 속이고 다말에게 거짓말을 해 친정으로 돌려보냈다. 유다는 처음부터 셀라를 다말에게 줄 생각이 없었다. 유다는 '하나님의 후사 잇기 제도'에 도전한 불의한 자다. 유다의 불의한 행동에 어떻게 반응해야 할까? 다말이 그렇게 행동한 이유는 시아버지가 셀라가 장성했는데도 자신에게 주지 않았기 때문이었다(창 38:14). 다말과 유다는 외간 남자와 여자 사이가 아니다. 시아버지와 며느리 사이이다. 다말이 외간 남자를 대하는 행동을 했어야 할 이유가 없다. 다말의 행동에서 책잡으려 한다면 이 부분일 것이다. 만일 내가 다말이었다

해도 그렇게 했을 것이다. 물론 다말이 정직하게 시아버지를 맞이하는 것이 현숙한 여인의 모습이었을 것이다. 그녀가 그 정도에는 미치지 못했다. 그렇다고 그녀가 창녀는 아니다. 다만 저의를 갖고 시아버지를 외간 남자로 대했던 것이다. 유다가 며느리의 이 저의를 외면했다면 그만이었을 것이다. 하나님은 다말의 이 고의적인 행동을 막지 않으셨다.

다말이 면막으로 얼굴과 온 몸을 가리고 에나임 문 곁에 앉은 것은 시아버지의 불의에 항거한 것이었다. 의도적으로 시아버지를 외간 남자로 대하기로 결정한 것은 그의 불의에 정의로 항거하기 위해서였다. 다말의 행위는 시아버지의 불의함에 대한 정의 실현이었다.

다말이 시아버지의 불의에 도전한 것은 장자권 때문이다

시아버지의 말씀에 절대 순정했던 다말, 시아버지가 약속대로 실행하지 않는 것을 보면서도 참고 인내했던 다말이 왜 시아버지가 그녀의 마을에 왔다는 소식을 듣고 외간남자를 대하는 행동을 했을까? 단순히 시아버지의 불의에 도전하기 위해서였을까? 그렇다면 불의에 대해 정의를 실현하는 것도 하나님 말씀의 테두리 안에서 해야 한다.

다말이 하나님 말씀 안에서 취할 수 있는 권한은 무엇일까? 그는 시아버지 유다의 장남인 '엘'과 결혼했다. 비록 엘이 여호와 하나님 보시기에 악하여 죽임을 당했을지라도 하나님이 이 땅에 선포하신 '후사 잇기 제도'는 장자권 보호에서 유효한 것이다. 유다도 이 사실을 알고 있었기에 둘째 '오난'을 형수인 다말에게 들여보내 형 '엘'의 후사를 잇게 한 것이다. 다말이 시아버지 유다의 불의 도전한 것은 바로 하나님이 정해주신 '후사 잇기 제도'에 근거한 '장자권' 문제 때문이었다. 다말은 장자였던 남편 '엘'의 권한을 시아버지 유다의 가정에 뿌리내릴 책임이 있었다. 다말은 이 사실을 알고 시아버지의 불의에 도전하여 하나님의 섭리인 '장자권'을 행사했다. 방법이 잘못 되었다고 말할 수 있을 것이다. 그렇다면 이렇게 생각해보라. 하나님이 정하신 '후사 잇기 제도'가 중요한가? 인간의 시각으로 보는 윤리가 중요한가? 다말의 행동이 불의한 것처럼 보이는 것은 인간의 시각일 뿐 하나님의 시각이 아니다. 하나님은 다말의 행동을 자신의 계획에 순종하는 자의 행동으로 보셨을 수 있다. 하나님은 오히려 유다의 행동을 책망하실 수도 있다. 윤리가 중요한 것이 아니라 하나님의 계획, 하나님의 뜻이 중요한 것이다.

유다도 다말을 "네가 나보다 의롭다"고 인정했다. 하나님이 보시기에 유다가 의인인가? 다말이 의인인가? 유다는 딤나 길 곁 에나임 문에 온 몸을 면막으로 가리고 앉아 있는 여인을 보자 자신의 성적 욕망을 억제하지 못하고 그녀에게 말했다. "나로 네게 들어가게 하라"(창 38:16). "당신이 무엇을 주고 내게 들어오려느냐"(창 38:16). "내 떼에서 염소 새끼를 주리라"(창 38:17). "그것을 줄 때까지 담보물을 주겠느냐"(창 38:17). "당신의 도장과 그 끈과 당신의 손에 있는 지팡이로 하라"(창 38:18). 유다는 여자의 요구를 들어주고 하룻밤 정사를 가졌다. 유다는 여인과 한 약속을 지키기 위해 다음날 아둘람 사람을 시켜 염소 새끼를 보냈다. 그러나 그 여인은 사라지고 없었다. 그녀는 평상시에 입던 과부복으로 갈아입고 원래 생활로 돌아갔다. 3개월이 지나자 다말이 임신한 사실이 드러났다. 그러자 사람들이 유다에게 달려가 말했다.

유다는 대노했다. "그를 끌어내어 불사르라"(창 38:24)! 그러나 그는 곧 며느리가 시아버지인 자신으로 말미암아 임신한 사실을 알게 되었다(창 38:25). 그렇다면 유다는 이렇게 말해야 했다. "나를 죽여라! 내가 며느리를 임신시켰다." 하지만 유다는 그렇게 반응하지 않았다. 그는 자신이 며느리를 임신시킨 사실이 드러나자 가만히 덮어두려 했다. 하지만 지금 벌어진 사건을 보고 "그는 나보다 옳도다! 내가 그를 내 아들 셀라에게 주지 아니하였음이로다"(창 38:26)라고 고백했다. 유다는 이 일이 자신의 죄 때문임을 인정했다. 시아버지 유다는 며느리 다말이 자신보다 의로운 사람이라고 인정했다.

하나님은 베레스를 통해 유다를 향한 계획을 이어가셨다

> "베레스의 계보는 이러하니라 베레스는 헤스론을 낳고 헤스론은 람을 낳았고 람은 암미나답을 낳았고 암미나답은 나손을 낳았고 나손은 살몬을 낳았고 살몬은 보아스를 낳았고 보아스는 오벳을 낳았고 오벳은 이새를 낳고 이새는 다윗을 낳았더라"(룻 4:18-22).

베레스는 다윗의 9대조다. 유다가 며느리 다말에게서 낳은 아들이다. 많은 학자는 후대에 유다 이야기를 삽입한 것으로 본다. 하지만 유다와 다말의 이야기는 후대에 삽입한 것이 아니라 너무 중요한 계시이기 때문에 요셉의 이야기를 시작하다가 끊고 모든 사람의 관심을 집중시켜 그 이야기를 보게 한 것이다. 하나님은 이 계시에 기초해서 야곱이 자녀들을 축복할 때 유다와 그의 후손에게서 왕이 세워질 것이라는 미래를 계시하셨다(창 49:8-10). 그리고 이스라엘 백성은 노예생활을 마치고 가나안 땅에 정착한 사사시대에 주변 이웃 나라들과 자신들을 비교하며 왕에 대한 기대치를 높여갔다. 그들의 입에 바로 베레스가 오르내렸다. 왜냐하면 하나님이 계획하신 길이기 때문이다.

다말은 하나님의 계획에 쓰임받은 후 족보에 기록되었다

하나님은 "유다는 다말에게서 베레스와 세라를 낳았다"는 기록을 통해 무엇을 말씀하시려는 것일까? 하나님은 유다와 그의 후손을 통해 놀라운 계획을 가지고 계셨다. 하나님이 아브라함과 맺은 언약의 성취를 위해 요셉을 등장시키는 시점에서 유다와 그의 후손을 통해서도 그 놀라운 계획을 가지고 계심을 온 세상에 알리기 원하셨다.

유다는 하나님의 계획을 모른 채 계속 인간적으로 판단하고 살아갔다. 하나님의 계획에서 점점 멀어져갔다. 그럼에도 불구하고 하나님은 자신의 계획을 반드시 성취하시는 분이다. 그 계획 가운데 다말이 등장한 것이다. 하나님의 계획 안에 유다와 그 자녀들이 있었고, 다말은 그 언저리에 있었다. 유다가 그 계획을 박차고 나가자 하나님은 그와 그의 후손을 위해 계획 중이셨던 것을 성취하시려고 다말의 정의로운 행동을 활용하셨다. 다말은 장자였던 엘의 아내로서 자신이 이어야 할 장자권의 막중한 권리를 이행하려 했다. 다말이 없었으면 하나님의 계획은 중단되었을 것이다. 왜냐하면 유다가 하나님이 그 시대에 주신 '후사 잇기 제도'에서 점점 벗어나고 있었기 때문이다. 하나님은 다말의 모든 마음과 행동을 지켜보고 계셨다. 그녀는 시아버지에게 순종하며 오랜 세월을 불평 없이 참고 기다렸다. 하나님은 그녀가 시아버지를 외간 남자 대하듯 할 때도 지켜보셨다. 하나님은 그녀의 행동을 정의로운 것으로 보셨을 것이다.

하나님의 계획이 수포로 돌아갈 뻔했지만 하나님은 정상적인 족보 방법에서 벗어난 "유다는 다말에게서 베레스와 세라를 낳았다"고 기록하심으로 자신의 계획을 친히 이루셨음을 선포하셨다. 이처럼 하나님은 합력하여 선을 이루신다. 그리고 다말은 유다와 그 후손을 향한 하나님의 계획에 쓰임받고 족보에 이름을 올렸다.

유다가 하나님의 30년 후 계획을 알았다면 어떻게 행동했을까?

유다는 다말을 다음과 같이 대했다.

> "유다가 그의 며느리 다말에게 이르되 수절하고 네 아버지 집에 있어 내 아들 셀라가 장성하기를 기다리라 하니 셀라도 그 형들 같이 죽을까 염려함이라 다말이 가서 그의 아버지 집에 있으니라"(창 38:11).

하나님은 유다와 그 후손을 위해 다음과 같은 계획을 가지고 계셨다.

> "유다야 너는 네 형제의 찬송이 될지라 네 손이 네 원수의 목을 잡을 것이요 네 아버지의 아들들이 네 앞에 절하리로다 유다는 사자 새끼로다 내 아들아 너는 움킨 것을 찢고 올라갔도다 그가 엎드리고 웅크림이 수사자 같고 암사자 같으니 누가 그를 범할 수 있으랴 규(the sceptre)가 유다를 떠나지 아니하며 통치자의 지팡이(a lawgiver)가 그 발 사이에서 떠나지 아니하기를 실로가 오시기까지 이르리니 그에게 모든 백성이 복종하리로다"(창 49:8-10).

유다의 인간적 행동(창 38:11)과 하나님의 계시(창 49:8-10)가 수면 위로 등장하기까지 몇 년의 시차가 있는지 도표로 살펴보자.

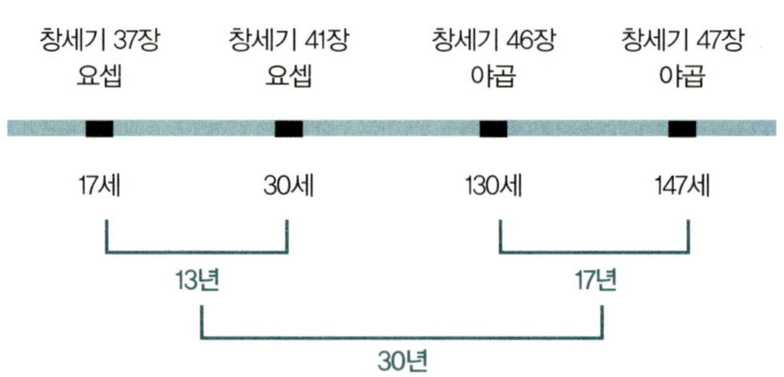

요셉은 17세에 하나님의 비전을 받았고(창 37:2), 30세에 이집트 총리가 되었다(창 41:46). 요셉의 이야기가 시작되면서 유다의 이야기가 시작되므로 일단 13년의 시간차가 있다.

야곱은 130세에 모든 가족을 데리고 이집트 땅으로 내려갔고(창 46:7, 47:9), 147세에 세상을 떠났다(창 47:28). 13년의 시간차에다 야곱이 이집트에 내려가서 산 17년을 더하면 두 사건의 시차는 30년이다. 유다는 30년 후 자신에게 이루어질 하나님의 계획을 알지 못했다. 그래서 인간적 수단과 방법을 동원해 다말을 친정으로 돌려보냈고 셀라를 주지 않았다. 유다가 하나님의 계획을 알았다면 어떻게 행동했을까? 내가 유다라면 어떻게 행동했을까?

생각해 보기

1. 내가 모르는 나를 향한 하나님의 계획이 있는 것은 아닐까?

2. 지금 나는 무슨 생각을 하고 있는가?

3. 그 생각대로 끝까지 가면 어떤 열매를 맺게 될까?

8장

셀라는 사라지고 베레스가 등장하다

3상 유다는 다말에게서 베레스와 세라를 낳고.

᾿Ιούδας δὲ ἐγέννησεν τὸν Φαρὲς καὶ τὸν Ζαρὰ ἐκ τῆς Θαμάρ,

유다는 야곱의 넷째 아들이다. 하나님은 야곱이 하늘의 것을 사모하는 것을 보고 그의 모든 아들을 선택해 "야곱은 유다와 그 형제들을 낳고"(마 1:2하)라고 족보에 기록하셨다. 그런데 야곱의 아들 유다 대에서 버림받는 인물이 또 등장한다.

하나님은 셀라를 버리셨다

유다에게는 세 아들 엘과 오난, 셀라가 있었다. 하나님 앞에 드러난 악으로 인해 엘과 오난이 징계를 받아 죽었다. 앞 장에서 살펴보았듯이 유다는 인간적인 수단과 방법을 다 동원해 하나님의 계획에서 멀리 떠났다. 아마도 이 과정에서 하나님은 유다가 그렇게 감싸고돌던 셋째 아들 셀라를 버리신 것으로 보인다. 왜냐하면 창세기에서 그에 대한 언급을 찾을 수 없고, 후대의 기록에도 그의 행적이 없기 때문이다. 하나님은 셀라를 버리시고 유다의 후손 가운데 베레스를 왕의 적통으로 예정하셨다.

마태복음 족보에서 보듯 베레스는 다윗의 조상이며 메시아 예수의 족보에 위치해 있다. 룻기서는 그를 아주 특별하게 취급한다.

> "베레스의 계보는 이러하니라 베레스는 헤스론을 낳고 헤스론은 람을 낳았고 람은 암미나답을 낳았고 암미나답은 나손을 낳았고 나손은 살몬을 낳았고 살몬은 보아스를 낳았고 보아스는 오벳을 낳았고 오벳은 이새를 낳고 이새는 다윗을 낳았더라"(룻 4:18-22).

룻기서는 베레스의 족보를 기록하면서 아브라함과 이삭 그리고 야곱도 생략했다. 그것은 왕에 초점을 맞추었기 때문이다. 때문에 룻기서는 다윗왕을 언급하면서 베레스를 족보의 유일한 시조로 기록했다. 그것은 베레스가 사사시대에서 차지하는 비중이 절대적이라는 것을 보여준다.

자기 이름이 목록에 있다고 안심하거나 안주하지 말아야 한다. 그 이름도 하나님이 언제 지우실지 모른다. 하나님이 기억하시고 사용하시는 이름은 하나님의 섭리 가운데 들어와 있는 사람이다. 하나님의 계획 가운데 들어가 있기를 사모하는 자가 되어야 한다.

베레스가 왕의 시조로 선택받은 이유가 있다

베레스는 '다윗의 선조'로서 중요하다. 창세기 38장의 유다 이야기와 룻기 4장의 족보를 연결하면 하나님이 자신의 계획을 지속하시려고 세상에 주신 '후사와 기업 잇기 제도'를 실천할 자로 베레스를 등장시키신 것을 알 수 있다. 베레스의 6대손 보아스는 '후사와 기업 잇기 제도'를 실천했다.

보아스는 다윗의 선조이고, 베레스는 보아스의 선조다. 즉, 베레스는 이스라엘 역사상 가장 위대한 왕조를 세운 다윗의 선조다. 그의 후손에서 왕이 세워진 것이다. 하나님은 왜 베레스를 왕의 시조로 세우셨을까?

유다는 인간적인 생각과 행동을 서슴지 않았다. 그의 며느리 다말은 그런 시아버지에게 순종했고 그런 시아버지에게 정의로 도전했다. 이 두 사람 사이에서 베레스가 태어났다. 그렇다면 하나님은 왜 베레스를 다윗 왕의 조상으로 선택하셨을까?

> "해산할 때에 손이 나오는지라 산파가 이르되 이는 먼저 나온 자라 하고 홍색 실을 가져다가 그 손에 매었더니 그 손을 도로 들이며 그의 아우가 나오는지라 산파가 이르되 네가 어찌하여 터뜨리고 나오느냐 하였으므로 그 이름을 베레스라 불렀고 그의 형 곧 손에 홍색 실 있는 자가 뒤에 나오니 그의 이름을 세라라 불렀더라"(창 38:28-30).

다말이 해산할 때 산파들은 먼저 세상에 나온 아이의 손에 홍색 실을 맸다. 장남과 차남을 구분하기 위해서다. 그런데 갑자기 그 손이 엄마의 태중으로 다시 들어가고 다른 아이가 나왔다. 산파들은 이 아이를 보고 "네가 어찌하여 터뜨리고 나오느냐"고 했다. "터뜨리다"(פָּרַץ, 파라츠)라는 단어에는 '침입하다, 강제로 돌파하다, 강제로 부수어 열다'라는 의미가 있다. 베레스는 그 좁은 엄마의 자궁에서 먼저 나가는 형을 자신의 뒤로 밀어내기 위해 한바탕 씨름을 하고 먼저 이 세상에 태어났다. 이렇게 탄생한 베레스에게서 그의 할아버지 야곱의 모습이 보인다. 인간적으로는 좋은 인격을 가진 인물이 아니다. 그러나 하나님은 그가 장자의 명분을 사모하는 일념을 보시고 그를 다윗 왕의 선조로 선택하셨고 족보에 기록하셨다.

베레스는 할아버지 야곱처럼 장자권을 사모했다

베레스는 형이 나올 자리를 침입해 질서를 위배하고 자신이 먼저 나왔다. 하나님은 이 기이한 사실에 특별한 의미가 있음을 보여주시려고 "유다는 다말에게서 베레스와 세라를 낳았다"고 기록하셨다. 베레스의 삶은 우리에게 무엇을 말하는가?

베레스의 할아버지, 엄밀히 말하면 증조할아버지인 야곱을 생각해보자. 야곱은 동생으로 태어났다. 그는 동생으로 사는 것에 만족할 수 없어서 온갖 수단을 동원해 형의 지위를 차지하려 했다. 그는 형이 굶주린 틈을 타 죽으로 형의 장자권을 샀다. 그는 형이 받아야 할 아버지의 축복을 어머니와 모의해 가로챘다. 옳고 그름의 잣대로 보자면 야곱의 행동은 하나님의 심판을 받아야 했다. 하지만 하나님은 야곱을 직접 심판하시지 않았다. 그가 생활하는 가운데 그의 잘못에 대한 대가를 충분히 받게 하셨다(형의 위협과 오랜 타향살이 등). 만일 하나님의 심판을 받았다면 그가 형에게서 취한 모든 것도 잃어야 했다. 그러나 그는 잃지 않았다. 모두 그의 것이 되었고 이스라엘 열두 지파의 아버지가 되었다. 야곱은 얻고자 했다. 그가 갖고 태어나지는 못했지만 후천적으로 자신의 것으로 삼고자 모든 것을 쏟아부었다. 하나님은 그것을 인정하셨다. 예수님은 이렇게 말씀하셨다.

> "세례 요한의 때부터 지금까지 천국은 침노를 당하나니 침노하는 자는 빼앗느니라"(마 11:12).

베레스는 천국을 내 것으로 만드는 법을 알려준다

"침노하다"(βιάζεται, 비아제타이, βιάζω, 비아조의 동직설 현재 수동)가 수동태 용법으로 쓰일 때는 '강요당하다, 압박당하다'는 뜻을 갖는다. 즉, 천국은 강탈하는 자의 것이다. 압박하여 자기 것으로 만드는 자의 것이다. 베레스는 어떻게 태어났는가? 하나님은 유다의 후손을 위해 놀라운 계획을 가지고 계셨다. 장자 엘은 그것을 취하지 못했다. 차자 오난은 형의 후사를 이어주지 않으려고 땅에 사정하다 죽었다. 셀라는 아버지의 인간적인 움직임에 묻혀 하나님의 관심을 받지 못했다. 그런데 베레스가 이상한 행위로 하나님의 관심을 샀다.

인간의 시각으로 보면 베레스가 먼저 태어났으므로 형이다. 그리고 두 번째 태어난 셀라를 동생이라 부른다. 그러나 성경은 그렇게 지칭하지 않았다. 성경은 먼저 태어난 베레스를 동생이라고 부르고 두 번째 태어난 셀라를 형이라고 부른다. 그런데 특이한 점이 있다. 비록 지칭은 그렇지만 족보에 기록할 때는 동생 베레스가 형 셀라 앞에 위치하는 것이다. 나중에 태어나야 했던 베레스가 먼저 태어나려는 형을 자기 뒤로 밀치고 먼저 태어났다. 하나님은 그런 베레스를 보시고 유다를 향한 놀라운 계획을 그를 통해 이루셨다고 말씀하신다.

생각해 보기

1. 나는 베레스 같은 인물을 좋아하는가? 싫어하는가?

2. 그 이유는 무엇일까?

3. 하나님은 그런 나를 어떻게 생각하실까?

9장

라합의 남편 살몬은 갈렙의 3대손이다

[5상] 살몬은 라합에게서 보아스를 낳고.

Σαλμὼν δὲ ἐγέννησεν τὸν Βόες ἐκ τῆς Ῥαχάβ

살몬은 여분네의 아들 갈렙(신 1:35-36)과 헤스론의 아들 갈렙(대상 2:18) 중 누구의 증손자인가? 살몬이 어떤 사람인지 먼저 살펴보자.

살몬은 왕족이다

살몬과 관련이 있는 갈렙 중 또 한 인물은 헤스론의 아들 갈렙이다. 헤스론의 아들 갈렙과 살몬은 어떤 관계가 있는가? 아무 관계도 없는가? 다음 두 성경을 비교해보자. 룻기서는 전기연대 성경이고, 역대상은 바벨론 포로 후에 기록된 문서다.

> "베레스의 아들은 헤스론과 하물이요 헤스론이 낳은 아들은 여라므엘과 람과 글루배라…람은 암미나답을 낳고 암미나답은 나손을 낳았으니 나손은 유다

자손의 방백이며…나손은 살마를 낳고 살마는 보아스를 낳고"(대상 2:5, 9-11).

"베레스의 계보는 이러하니라 베레스는 헤스론을 낳고 헤스론은 람을 낳았고 람은 암미나답을 낳았고 암미나답은 나손을 낳았고 나손은 살몬을 낳았고 살몬은 보아스를 낳았고 보아스는 오벳을 낳았고"(룻 4:18-21).

두 본문에 기록된 족보를 도표로 정리해보면 일목요연하게 눈에 들어온다.

역대상 2장 족보	룻기 4장 족보
베레스	베레스
헤스론	헤스론
람	람
암미나답	암미나답
나손	나손
살마	살몬
보아스	보아스

우리가 앞 장에서 살펴보았던 "유다는 다말에게서 베레스와 세라를 낳았다"에 나오는 베레스의 가계를 살펴본 것이다. 후대에 기록된 역대상은 "베레스-헤스론-람-암미나답-나손-살마-보아스"라고 기록하였다. 가나안 정복 후 사사시대를 반영하는 룻기서는 "베레스-헤스론-람-암미나답-나손-살몬-보아스"라고 기록하고 있다. 두 본문을 비교해보면 역대기의 살마와 룻기의 살몬은 베레스의 5대 손이다. 역대상과 룻기서를 비교했을 때 역대상의 살마는 룻기서의 살몬이 분명하다.[1] 그러므로 살몬은 베레스의 5대손으로서 왕족이다. 살몬과 관련된 인물로 등장하는 사람이 갈

렙인데 성경에는 두 명의 갈렙이 언급되고 있다. 살몬은 어떤 갈렙과 관계가 있을까?

여분네의 아들 갈렙은 미래를 내다본 지도자다

살몬과 관계가 있는 인물은 갈렙이다. 라합의 남편으로 언급된 살몬은 어떤 갈렙과 관련이 있는가? 성경은 그에 대해 자세하게 기록하지 않았다. 먼저 여분네의 아들 갈렙에 대해 살펴보자. 갈렙은 열두 명의 가나안 정탐꾼 중 한 사람이었다. 여호수아와 더불어 하나님의 언약의 관점에서 가나안 땅을 살피고 모세에게 보고한 인물이다. 모세는 그에게 다음과 같이 약속했다.

> "이 악한 세대 사람들 중에는 내가 그들의 조상에게 주기로 맹세한 좋은 땅을 볼 자가 하나도 없으리라 오직 여분네의 아들 갈렙은 온전히 여호와께 순종하였은즉 그는 그것을 볼 것이요 그가 밟은 땅을 내가 그와 그의 자손에게 주리라 하시고"(신 1:35-36).

가나안 땅을 정복한 후 분배의 원칙은 제비뽑기다(민 33:54). 그러나 모세는 갈렙에게 "그가 밟은 땅을 내가 그와 그의 자손에게 주리라"고 약속했다. 갈렙은 새로운 지도자 여호수아에게 이 약속을 근거로 제비뽑지 않고 자신의 몫으로 헤브론 땅을 요구한 유일한 인물이다(수 14:12-13). 갈렙이 가나안 땅을 분배받았을 때 나이가 85세였다(수 14:10). 갈렙은 어느 누구보다도 하나님의 언약과 계획을 잘 알았고 전적으로 순종했다. 그렇다면 여

1 문서에 따라 그 이름을 달리 발음하는 경우가 있었다. 아이 성 점령 때 실패한 것은 '아간의 범죄'(수 7:1) 때문이었다. 이 '아간'을 역대상에서는 '아갈'이라 기록하고 있다(대상 2:7).

분네의 아들 갈렙과 살몬은 관계가 있는가?

헤스론의 아들 갈렙 또한 왕족이다

헤스론은 베레스의 장자다. 하나님은 유다의 후손을 통해 왕을 세우기로 계획하시면서 베레스를 선택하셨다. 갈렙은 베레스의 장자인 헤스론의 아들이다.

> "헤스론이 낳은 아들은 여라므엘과 람과 글루배라"(대상 2:9).

어떤 학자들은 헤스론의 셋째 아들 글루배를 갈렙으로 본다. 역대기서 기자는 갈렙이 헤스론의 아들이라고 분명히 기록하고 있다.

> "헤스론의 아들 갈렙이 그의 아내 아수바와 여리옷에게서 아들을 낳았으니 그가 낳은 아들들은 예셀과 소밥과 아르돈이며 아수바가 죽은 후에 갈렙이 또 에브랏에게 장가 들었더니 에브랏이 그에게 훌을 낳아 주었고 훌은 우리를 낳고 우리는 브살렐을 낳았더라"(대상 2:18-20).

갈렙은 분명히 헤스론의 아들이다. 그의 증손자 중에 브살렐이 있다. 브살렐은 오홀리압과 더불어 성전의 모든 양식을 만든 사람이다(출 35:30-35). 하나님이 특별히 주목하시는 가정임에 틀림없다. 그런데 역대기서는 살몬이 바로 이 갈렙의 아들이라고 기록하고 있다.

> "갈렙의 자손 곧 에브라다의 맏아들 훌의 아들은 이러하니 기럇여아림의 아버지 소발과 베들레헴의 아버지 살마와 벧가델의 아버지 하렙이라"(대상 2:50-51).

갈렙의 아들 중 에브라다가 있는데 그가 훌을 낳았다. 훌은 소발과 살마와 하렙을 낳았다. 역대상은 살마라는 이름을 동일 맥락에서 언급하고 있다. 살마는 룻기서에 의하면 살몬이므로 살몬은 헤스론의 아들 갈렙의 3대손이다. 문제는 역대기의 두 기록이 충돌하고 있다는 점이다. 역대상 2장 9-11절에 의하면 살몬은 나손의 아들인데, 역대상 2장 18, 50-51절에 의하면 살몬은 갈렙의 증손자가 된다. 어떻게 된 것인가? 역대상 2장 42절은 갈렙이 여라므엘의 아우라고 기록되어 있다. 우리가 여기에서 알 수 있는 한 가지는 역대기서의 기자가 족보를 기록하면서 족보를 아주 많이 재구성했던지, 하나님의 '후사 잇기 제도'가 여러 번 시행되었든지 둘 중 하나일 것이다. 왜냐하면 갈렙은 여라므엘의 동생이고, 살몬은 갈렙의 증손자인데 그가 여라므엘의 직계로 기록되어 있기 때문이다.

어찌 되었든 한 가지 분명한 것은 살몬이 베레스의 5대손이라는 사실이다. 살몬은 왕의 적통이다. 그가 라합을 아내로 맞이하였기에 라합도 메시아의 계보에 그 이름이 올라간 것이다. 아직도 결론이 나지 않은 한 가지 사실은 '여분네의 아들 갈렙'과 '헤스론의 아들 갈렙'이 동일인물인가, 다른 인물인가 하는 점이다.

라합은 왕족 살몬의 아내가 되었다

여분네의 아들 갈렙은 미래를 알고, 현재 이루어지는 하나님의 역사를 알았던 아주 뛰어난 인물이다. 반면 헤스론의 아들 갈렙은 베레스의 증손자로서 왕족에 속한 인물이다. 두 갈렙은 서로 다른 인물이지만 하나님은 이 둘을 하나의 연결고리로 생각하시지는 않을까? 살몬은 어떻게 라합과 결혼하게 되었을까? 성경이 이에 대해 전적으로 침묵하기에 우리로서는 알 수 없다. 한 가지 분명한 사실은 라합이라는 여인의 역사관과 신앙관이 모세, 여호수아, 갈렙과 동일한 수준에 있다는 것이다. 이집트에서 탈출한 603,550명 중 단 세 사람만 하나님의 역사를 제대로 알고 있었다. 나머지는 하나님의 역사를 인식하지 못해 광야에서 모두 죽었다. 그런데 이방 여인인 라합이 하나님의 역사를 깨닫고 자신의 주군과 민족을 버리고 하나님을 선택했다. 살몬은 신앙이 탁월한 여인 라합을 알아보고 청혼했을 가능성이 있다. 그렇다면 살몬 또한 입지전적 신앙인물이란 뜻이 된다. 이렇게 라합은 왕족에 편입되어 들어갔다. 하나님은 사람들이 헤스론의 아들 갈렙을 잘 인식하지 못하기 때문에 여리고 정탐과 가나안 정복 전쟁에서 뛰어난 활약을 하고 하나님께 특별하게 쓰임받은 여분네의 아들 갈렙을 동명이인이지만 살몬의 선조로 설정하여 후대 사람들에게 쉽게 인식시키려 하지는 않았을까?

라합은 특별한 역사 인식 가운데 천지의 주권자이신 하나님을 알고 신뢰하여 자신의 인생 항로를 완전히 바꿨다. 그 때문에 메시아의 계보에 오르게 되었고, 살몬에게 청혼을 받아 왕의 계보에 들어가게 되었다.

생각해 보기

1. 우리 집안 최고의 신앙인은 누구인가?

2. 그분이 우리 집안을 어떤 모습으로 바꾸었는가?

3. 지금 그 모습에서 한 단계 업그레이드하기 위한 나의 역할은 무엇인가?

10장

라합이 족보에 기록된 이유

[5상] 살몬은 라합에게서 보아스를 낳고.

Σαλμὼν δὲ ἐγέννησεν τὸν Βόες ἐκ τῆς Ῥαχάβ

전통적인 족보 기록 방법을 깨고 파격을 취한 세 번째 내용이 등장한다. "살몬은 라합에게서 보아스를 낳았다." 여기에 담긴 하나님의 의도와 목적은 무엇인가?

다말은 불의에 도전하여 정의를 실현하고 장자권을 회복한 여인이었다

"아브라함이 이삭을 낳다"라고 기록하는 전통적인 족보 방식을 깨고 여자로서 족보에 언급된 첫 번째 여인은 다말이다. 그녀는 시아버지에게 절대 순종한 여인이었다. 다말은 알고 행한 것은 아니었지만 하나님의 계획에서 점점 멀어져가는 시아버지 유다의 불의에 정의로 항거하였다. 다말은 시아버지의 불의함으로 유실될 위기에 처한 장자권을 회복시켰다. 오늘의 시각에서 유다와 다말 사건을 보면 불륜 가운데 불륜이다. 그것은 우리 문화의 시각이다. 하나님의 계획 속에서 보면 다말의 불륜보다는 '후사 잇기'가 유일하게 중요한 것이다. 다말은 하나님의 '후사 잇기'와 '장자권' 잇기 계획에 쓰임받고 족보에 이름을 올렸다. 그렇다면 라합은 어떻게 족보에 자신의 이름을 올리게 되었을까?

라합은 가나안 정복시대의 창녀였다

라합은 가나안 정복시대 인물이다. 가나안 정복은 다음과 같이 이루어지고 있었다. 하나님은 아브라함과 언약을 맺으셨다(창 12:1-3). 하나님은 언약을 맺으신 후 구체적인 전략을 제시하셨다. 하나님이 아브라함에게 땅을 주실 것인데 그 당시가 아니라 4세대, 400년 후에 주신다고 약속하셨다(창 15:12-21). 그 약속의 때가 되어 이스라엘 백성은 이집트에서 탈출했고 가나안 땅 정복을 눈앞에 두고 있었다. 하나님은 모세를 불러 가신 후 여호수아를 지도자로 세우셨다. 여호수아는 가나안 땅 초입에 있는 여리고를 정탐할 계획을 세우고 두 명의 첩보원을 보냈다. 이때 두 정탐꾼과 함께 등장하는 인물이 라합이다. 하나님의 계획은 아브라함에게 하신 약속을 성취하시기 위해 가나안 정복전쟁을 수행하는 것이다. 가나안 땅 족속들이 지은 죄에 대한 하나님의 심판이 집행되는 것이다. 누가 이에 항거할 수 있겠는가? 천지를 지으시고 통치하시는 주권자가 하시는 일이다. 하나님의 존재를 안다면, 그 하나님의 계획을 안다면 누가 감히 그 계획에 도전할 수 있겠는가? 요단 동편 지역에 있던 모든 나라(아모리 땅 시혼과 옥 등)가 하나님의 계획에 항거하다 멸망당했다. 군사적으로 보면 이스라엘 군대는 오합지졸이다. 변변한 재래식 무기조차도 없다. 그들은 400년 동안 노예생활에 익숙한 자들이다. 그럼에도 요단 동편 각 나라는 이스라엘에 의해 무너졌다. 이스라엘이 잘 싸워서 이긴 것이 아니었다. 하나님이 싸우신 것이다. 하나님이 싸우셔서 이스라엘에게 승리를 주신 것이다. 이러한 하나님의 계획, 하나님의 역사를 라합이 깨달았다. 하나님의 계획 속에서 라합을 볼 때 그녀가 왜 족보에 기록되었는지를 알 수 있다.

라합은 창녀였지만 영적 분별력을 가졌다

라합이 헤스론의 아들 갈렙의 3대손인 살몬과 결혼해 갈렙의 가문에 속하게 되었지만 그녀의 과거 신분을 보면 그럴 만한 자격이 전혀 없었다.

> "눈의 아들 여호수아가 싯딤에서 두 사람을 정탐꾼으로 보내며 이르되 가서 그 땅과 여리고를 엿보라 하매 그들이 가서 라합이라 하는 기생의 집에 들어가 거기서 유숙하더니"(수 2:1).

> "믿음으로 기생 라합은 정탐꾼을 평안히 영접하였으므로 순종하지 아니한 자와 함께 멸망하지 아니하였도다"(히 11:31).

라합 앞에 붙은 기생(זוֹנָה, 조나)은 '칼 분사형'으로 쓰였다. 이것은 유다가 면박으로 얼굴과 온 몸을 가리고 에나임 문에 앉은 며느리 다말을 보고 "창녀로 여겼다"(창 38:15)고 했을 때 바로 그 '창녀'와 동일한 단어다. 라합은 창녀였다. 분사형으로 사용된 조나(זוֹנָה)는 대개 창녀를 지칭할 때 사용된다(창 34:31). 그들은 보수를 받았고(신 23:19), 신원을 밝혀주는 표시를 지녔으며(창 38:15, 잠 7:10, 렘 3:3), 그들 자신의 집을 소유했고(렘 5:7), 사람들은 그들을 멀리해야 했다(잠 23:27). 히브리어 어법을 기준으로 볼 때 조나(זוֹנָה)가 분사형으로 사용되었으므로 그녀는 여지없이 창녀였다. 그러나 라합은 창녀로서 몸이나 술을 파는 지저분한 여인의 이미지만 갖고 있지 않았다.

여호수아가 여리고를 정탐하기 위해 보낸 두 정탐꾼은 자신들의 신분을 은폐하기 위해 창녀 라합의 집을 근거지로 사용했다. 그녀는 자신의 집을 찾은 정탐꾼을 주의 깊게 관찰했다. 두 정탐꾼은 다른 사람들과 달랐다. 그들은 라합 자신과 그 집에 있는 어떤 여인들에게도 정사를 요청하지 않았다. 두 정탐꾼은 아침을 먹고 나가 저녁에 들어오기를 반복했다. 라합은 두 정탐꾼이 여리고 사람이 아닌 것을 이미 파악했을 것이다. 그녀는 그들이 자신의 집을 찾은 다른 남자들과 다르게 행동하는 것을 보고 이스라엘 사람으로서 하나님의 용사들인 것을 눈치챘다. 그녀는 그 정도의 영적 능력과 역사관을 가진 여인이었다.

라합은 하나님과 이스라엘을 선택했다

사건을 되짚어보면 두 정탐꾼이 여리고 정탐의 근거지로 창녀 라합의 집을 택한 것은 하나님의 인도하심이었다(수 2:4). 낯선 두 정탐꾼의 행적이 사람들의 눈에 띄었다. 그러자 그들의 행적이 여리고 왕에게 보고되었고, 그들을 체포하기 위해 군사들이 라합의 집을 급습했다.

> "네 집에 들어간 그 사람들을 끌어내라 그들은 이 온 땅을 정탐하러 왔느니라"(수 2:3).

두 정탐꾼의 운명이 라합의 말에 달리게 되었다. 라합과 군사들의 대화를 들어보라.

> "어떤 사람이 여리고 왕에게 말하여 이르되 보소서 이 밤에 이스라엘 자손

중의 몇 사람이 이 땅을 정탐하러 이리로 들어왔나이다 여리고 왕이 라합에게 사람을 보내어 이르되 네게로 와서 네 집에 들어간 그 사람들을 끌어내라 그들은 이 온 땅을 정탐하러 왔느니라 그 여인이 그 두 사람을 이미 숨긴지라 이르되 과연 그 사람들이 내게 왔었으나 그들이 어디에서 왔는지 나는 알지 못하였고 그 사람들이 어두워 성문을 닫을 때쯤 되어 나갔으니 어디로 갔는지 내가 알지 못하나 급히 따라가라 그리하면 그들을 따라잡으리라 하였으나"(수 2:2-5).

라합은 자기 목숨을 걸고 하나님의 역사에 쓰임받기를 원해 여리고 왕을 배반했다. 그녀는 이미 깨닫고 있던 '하나님의 역사'에 속하기 원하여 자신의 주군을 버리고 두 정탐꾼을 보호한 것이다. 이것은 결코 쉬운 선택이 아니다. 자신의 목숨과 맞바꾸는 선택이었다. 만일 두 정탐꾼이 발각되면 그녀와 그녀의 가족은 몰살당할 것이었다. 그럼에도 불구하고 그녀는 그 길을 가야만 했다. 왜냐하면 어차피 죽을 목숨인 것을 알고 있었기 때문이다.[1]

라합은 하나님이 주권자이심을 알았다

라합은 어떤 과정을 통해 자기 민족 여리고와 여리고 왕을 버리고 하나님을 선택하게 되었을까? 그녀는 낯선 두 남자를 관찰한 결과 다른 점을 발견했고, 그들이 자기 나라 군사들에게 쫓길 때 숨겨주었다. 라합은 어떻게 하나님을 선택하게 되었는가?

1 라합은 요단 동편의 오모리 족속의 두 왕 '시온'과 '옥'이 멸망당한 것을 알고 있었다. 라합은 여리고 또한 그들처럼 될 것을 알고 있었다. 라합에게 죽음은 '지금 죽느냐, 잠시 후 죽느냐'는 시간차이일 뿐이었다.

> "또 그들이 눕기 전에 라합이 지붕에 올라가서 그들에게 이르러 말하되 여호와께서 이 땅을 너희에게 주신 줄을 내가 아노라 우리가 너희를 심히 두려워하고 이 땅 주민들이 다 너희 앞에서 간담이 녹나니 이는 너희가 애굽에서 나올 때에 여호와께서 너희 앞에서 홍해 물을 마르게 하신 일과 너희가 요단 저쪽에 있는 아모리 사람의 두 왕 시혼과 옥에게 행한 일 곧 그들을 전멸시킨 일을 우리가 들었음이니라 우리가 듣자 곧 마음이 녹았고 너희로 말미암아 사람이 정신을 잃었나니 너희의 하나님 여호와는 위로는 하늘에서도 아래로는 땅에서도 하나님이시니라"(수 2:8-11).

라합은 창녀였다. 하지만 하나님의 언약, 하나님의 계획, 하나님의 역사, 세상이 하나님의 주권 가운데 있음을 안 창녀였다. 그녀는 노예생활을 하던 이스라엘이 홍해바다를 육지처럼 건넜고, 요단 동편 아모리 족속의 두 왕이 멸망당했다는 소식을 들었을 때 "마음이 녹았고, 정신을 잃었다." "정신을 잃었다"(קָמָה עוֹד רוּחַ, 카마 오드 루아흐)는 것은 "영이 설 자리를 잃었다"는 의미다. 라합은 이성적으로 이해하고 깨닫는 것을 넘어섰다. 그녀의 영이 세상에서 일어나는 일에 반응한 것이다. 그녀는 여리고에 살면서 여리고 지역의 신을 섬겼다. 그런데 자신이 섬겼던 신은 더 이상 자신을 보호할 수 없는 존재라는 것을 깨달았다. 그녀는 지금까지 자신을 지켜준 신을 의지해서는 자신의 영이 설 자리가 없음을 알았다. 그녀는 자신과 자신의 영을 지으신 분이 이전에 섬기던 신이 아니라 여호와 하나님이신 것을 알았다. 그분이 자신의 주권자이시고, 여리고의 주권자이시며, 하늘과 땅의 주권자이신 것을 알았다.

그녀는 이스라엘이 홍해 바다를 건넌 사건과 아모리 족속 두 왕이 멸망당한 소식을 듣고 이 사건들이 하나님의 주권에 속한 것이라면 여리고의 멸망 또한 하나님의 주권 가운데 있음을 알았다. 어쩌면 그녀는 두 정탐꾼이 아니더라도 살 수 있는 방법을 찾고 있었을지 모른다(훗날 기브온 족속처럼). 그녀는 온 세상의 주권자인 여호와 하나님의 구원을 사모했다. 그녀가 두 정탐꾼을 선대한 것은 여호와 하나님 때문이었다. 그녀는 하나님이 역사의 주관자이심을 알았고, 여리고는 앞으로 그분의 주권 아래 멸망당할 것을 알았다.

라합이 족보에 기록되는 것은 당연하다

하나님이 라합을 족보에 기록하신 목적이 무엇일까? 비록 그녀는 창녀였지만 역사 속에서 일어나는 일을 보고 하나님이 어떤 분이신지를 알았다. 하나님이 지금 무슨 일을 하고 계신지를 알았다. 하나님이 하늘과 땅을 통치하시는 주권자이심을 알았다. 반면, 언약의 자손으로서 출이집트를 경험하고 약속의 땅으로 가고 있는 이스라엘 백성들은 하나님을 몰랐다. 이집트에서 탈출한 603,550명 중 모세만이 알았고, 여호수아와 갈렙 두 사람이 알았다. 나머지 모든 사람은 하나님의 언약에 따른 하나님의 역사를 알지 못했다. 그들은 시도 때도 없이 원망하고 불평했다. 603,547명이 광야에서 죽었다. 수명이 다해 죽은 것이 아니라 하나님의 심판으로 죽었다. 그런데 창녀 라합은 하나님이 어떤 분이신지를 알았던 것이다. 라합은 하나님의 계획을 알고 반응한 특별한 인물이다. 여리고를 정복하고 난 후 여호수아 장군을 찾아온 기브온 족속 또한 하나님의 역사를 알고 미리 항복했다.

라합은 하나님의 계획에 대해 듣지 못했지만 일어나고 있는 일들이 하늘과 땅의 주권자이신 하나님의 능력으로 인하여 일어나는 것임을 알았다. 그래서 자기 인생을 걸고 민족을 버리고 하나님을 선택했다. 이러한 믿음의 여인 라합이 족보에 기록되는 것은 지극히 당연하다.

가나안 정복은 하나님의 심판이다

가나안 정복과 관련하여 하나님을 무자비한 분이라고 평가하는 사람들이 있다. 하나님이 어떻게 이미 정착해 있던 사람들을 죽이고 땅을 빼앗아 이스라엘 백성에게 줄 수 있느냐고 생각하기 때문이다. 하나님이 아브라함에게 가나안 땅을 주겠다고 약속하신 후 곧바로 주지 않으신 이유가 무엇일까?

> "네 자손은 사대 만에 이 땅으로 돌아오리니 이는 아모리 족속의 죄악이 아직 가득 차지 아니함이니라"(창 15:16).

그들의 죄가 하늘에 찼고 하나님이 지금 그들의 죄를 심판하고 계신다. 동시에 아브라함에게 하셨던 언약을 성취하고 계신다. 하나님의 계획은 가나안 족속을 그들의 죄에 대해 심판하시는 것이다. 이러한 하나님의 계획에 대한 반응은, 만일 하나님을 인정한다면 당연히 무릎을 꿇고 용서를 구해야 한다. 그러나 요단 동편 땅에 살았던 아모리 족속의 두 왕 시혼과 옥은 하나님을 대적했다. 그들은 전멸당했다. 이스라엘의 군사력이 뛰어나서 승리한 것이 아니다. 그것은 그들이 하나님의 언약에 따라 하나님의 말씀에 순종했기 때문이다. 기브온 족속들을 보라. 그들은 하나님의 계획을 알고 종이 되어서라도 살아남기를 원했다(수 9장). 그 전에 하나님의 계획을 안 사람이 바로 창녀 라합이다.

라합은 여호와 하나님을 알고 자신의 삶을 정리했다

라합은 언제 어떻게 창녀로 살아온 자신의 삶을 정리했을까? 자신을 둘러싼 환경이 달라진데다 하나님께 속한 후 자신이 죄인의 삶을 살아온 것을 깨닫고 정리했을 것이다. 그리고 살몬의 청혼을 받고 자연스럽게 정리하게 되었을 것이다.

이제 예수님을 갓 믿는 연약한 자들이 있다면 그들이 하나님을 알고 삶을 정리하도록 조금은 기다려줄 필요가 있다. 그들의 삶을 보고 그들을 부정하지 말아야 한다. 그러나 신앙생활을 오래 해왔음에도 여전히 죄악 된 삶을 정리하지 않는다면 하나님을 믿지 않는 것이다. 그에게는 하나님과 자신의 삶 중 하나를 선택하게 해야 한다.

오늘날 세상에서 일어나는 일을 보고 하나님의 역사를 분별할 줄 아는 성도가 있는가? 거의 대부분 관심조차 기울이지 않는다. 그런데 라합은 직접 구원을 목격하고도 하나님의 역사를 깨닫지 못하고 광야에서 불평불만의 결과로 죽어간 603,547명의 이스라엘 백성과 달랐다. 라합은 보지 못했고 듣기만 했음에도 모세와 여호수아 그리고 갈렙과 같은 믿음을 가진 여인이었다.

생각해 보기

1. 지금 내 귀에는 어떤 소리가 들리는가?

2. 어떤 소리에 어떻게 반응하고 있는가?

3. 하나님은 나의 반응을 보고 생명책에 어떤 내용을 기록하실까?

11장

룻이 족보에 기록된 이유

[5하] 보아스는 룻에게서 오벳을 낳고.

Βόες δὲ ἐγέννησεν τὸν Ἰωβὴδ ἐκ τῆς Ῥούθ

전통적인 족보를 깨뜨리고 파격을 취한 네 번째 문장이다. 족보에 이름을 올린 여인으로 한정했을 때는 세 번째다. "보아스는 룻에게서 오벳을 낳고." 여기에 담긴 하나님의 의도와 목적은 무엇일까?

다말은 불의에 도전하여 정의를 실현하고 장자권을 회복한 여인이었다

"아브라함이 이삭을 낳다"처럼 전통적인 족보 기록 방식을 깨고 여자가 족보에 언급된 첫 번째 여인이 다말이었다. 그녀는 시아버지에게 절대 순종한 여인이었다. 다말은 알고 행한 것은 아니지만 하나님의 계획에서 점점 멀어져가는 시아버지 유다의 불의에 정의로 항거하였다. 다말은 시아버지의 불의함으로 유실될 위기에 놓인 장자권을 회복했다. 오늘의 시각으로 보면 이 사건은 불륜 중의 불륜이다. 하지만 그것은 우리 문화의 시각으로 바라본 것이다. 하나님의 계획에서 보면 다말의 불륜보다 '후사 잇기'가 유일하게 중요한 일이다. 다말은 하나님의 '후사 잇기'와 '장자권' 잇기 계획에 쓰임받고 족보에 이름을 올렸다.

라합은 역사의 주관자가 하나님이심을 깨달은 여인이었다

라합은 하나님이 아브라함과 맺으신 언약이 성취될 때 세상에서 일어나고 있는 일을 영적인 귀로 듣고 하나님의 계획과 역사를 깨달았다. 뿐만 아니라 이스라엘 여호와 하나님이 하늘과 땅의 주권자이심을 알았다. 하나님에 대한 깨달음이 신앙고백과 삶으로 이어지기까지는 믿음과 결단이 필요하다. 그녀는 하나님이 그 일의 주권자이심을 초자연적인 은혜로 깨달았다. 그래서 자신의 전 인생을 걸고 현재의 주군인 여리고 왕을 버리고 하나님과 그 백성들 편에 서기로 결단했다. 그녀는 두 정탐꾼을 숨겨주고 자신과 가족의 구원을 요청했다. 라합은 하나님의 군대가 여리고를 정복하여 하나님의 계획을 성취하는 일에 쓰임받고 족보에 이름을 올렸다. 하나님이 계신 것을 깨닫고 자신의 삶으로 그 하나님을 믿고 있음을 결단해 보여줌으로써 이것이 가능했다. 그렇다면 룻은 어떻게 족보에 기록되었을까?

룻은 하나님을 불신앙하는 시대에 살았다

룻은 어떤 삶을 살고 족보에 이름을 올렸을까? 이방 여인에게 베푸신 하나님의 은혜, 이방인을 구속하시는 하나님의 계획으로 인하여 기록된 것일까? 그것이 족보에 기록된 목적 중 아주 작은 부분이 될 수 있다. 그러나 중요한 이유는 아니다. 룻이 족보에 기록된 중요한 의도와 목적은 무엇일까? 룻은 사사시대에 살았다. 사사시대는 어떤 시대였는가?

"백성이 여호수아가 사는 날 동안과 여호수아 뒤에 생존한 장로들 곧 여호와께서 이스라엘을 위하여 행하신 모든 큰 일을 본 자들이 사는 날 동안에 여호와를 섬겼더라 여호와의 종 눈의 아들 여호수아가 백십 세에 죽으매 무리가 그의 기업의 경내 에브라임 산지 가아스 산 북쪽 딤낫 헤레스에 장사하였고 그 세대의 사람도 다 그 조상들에게로 돌아갔고 그 후에 일어난 다른 세대는 여호와를 알지 못하며 여호와께서 이스라엘을 위하여 행하신 일도 알지 못하였더라"(삿 2:7-10).

사사시대는 여호와를 알지 못하던 시대, 여호와가 이스라엘에게 행하신 역사도 전혀 모르던 시대다. 하나님은 아브라함에게 하신 언약을 성취하셔서 가나안 땅을 이스라엘 백성들에게 분배해주셨다. 이집트에서 노예생활을 하던 그들이 살아갈 토대를 만들어주신 것이다. 하나님의 은혜를 생각하면 두고두고 감사해야 정상일 것이다. 그런데 그들은 여호와를 잃어버렸다. 여호와의 역사를 잊었다. 이러한 사사시대에 어떤 일이 일어났는지를 보자. 엘리멜렉은 언약의 땅 베들레헴에 살았다. 그 땅에 흉년이 들자 그는 가족을 데리고 언약의 땅을 벗어나 모압 땅에 이르렀다. 그에게 다음과 같은 일이 일어났다.

"사사들이 치리하던 때에 그 땅에 흉년이 드니라 유다 베들레헴에 한 사람이 그의 아내와 두 아들을 데리고 모압 지방에 가서 거류하였는데 그 사람의 이름은 엘리멜렉이요 그의 아내의 이름은 나오미요 그의 두 아들의 이름은 말론과 기룐이니 유다 베들레헴 에브랏 사람들이더라 그들이 모압 지방에 들어가서 거기 살더니 나오미의 남편 엘리멜렉이 죽고 나오미와 그의 두 아들이 남았으며 그들은 모압 여자 중에서 그들의 아내를 맞이하였는데 하나의

> 이름은 오르바요 하나의 이름은 룻이더라 그들이 거기에 거주한 지 십 년쯤에 말론과 기룐 두 사람이 다 죽고 그 여인은 두 아들과 남편의 뒤에 남았더라"(룻 1:1-5).

흉년에서 살아남기 위해 베들레헴 땅을 떠나 모압 땅으로 갔는데, 엘리멜렉은 그곳에서 아내 나오미와 두 아들을 남기고 죽었다. 나오미는 두 아들을 결혼시켜 문제를 돌파해보려 했지만 두 아들마저 죽었다. 이제 두 자부만 남았다. 이 일은 하나님을 믿지 않던 사사시대에 일어났다.

고엘 제도(기업 잇기 제도)를 주신 긍휼의 하나님

나오미의 남편 엘리멜렉이 죽었다. 두 아들 말론과 기룐도 죽었다. 하나님이 다윗에게 약속하신 영원한 왕위는 어떻게 되는 것인가? 하나님은 이때를 대비하셔서 '기업 잇기 제도'를 예비해두셨다. 하지만 아무리 하나님이 예비해두셔도 그것을 이을 만한 신앙을 가진 사람이 없다면 유명무실일 뿐이다. 하나님이 예비해두신 '기업 잇기 제도'는 보아스와 룻에 의해 실현되어 결과적으로 엘리멜렉 가문으로 후손과 기업이 이어졌다. 그러나 그들에게는 보아스보다 더 가까운 근족이 있었다(룻 4:1-6). 성경은 그의 이름을 밝히고 있지 않지만, 그는 사사시대를 대표하는 사람이었다. 그는 여호와 하나님을 몰랐다. 그는 여호와 하나님이 자기 백성들에게 행하신 일을 잊었다. 그는 자신과 가족을 위해 사는 지극히 인간적인 사람이었다. 그의 행동을 보라.

> "나는 내 기업에 손해가 있을까 하여 나를 위하여 무르지 못하노니 내가 무를 것을 네가(보아스) 무르라 나는 무르지 못하겠노라"(룻 4:6).

보아스와 룻 사이에서 태어난 아들이 오벳이다. 오벳의 아들은 이새이고, 이새의 아들은 다윗이다. 보아스와 룻이 '기업 잇기 제도'를 하지 않았다면 하나님의 계획은 어떻게 되었을까? 다윗의 할아버지 오벳이 태어나지 못했을 것이고, 다윗 또한 태어나지 못했을 것이다. 하나님이 '기업 잇기 제도'를 예비해두셨어도 그것을 실행할 믿음의 사람이 필요하다. 사사시대는 그 믿음을 가진 사람들이 없었다. 그 믿음을 가진 보아스와 룻을 생각하기 전에 '기업 잇기 제도'(고엘 제도)에 대해 살펴보자.

히브리어의 '고엘'은 '친족'(kinsman)이라는 뜻이다. 더 깊이 들어가면 '구속하다', '친족으로서 행하다', '가장 가까운 친척으로서 역할을 맡다'라는 의미의 동사 '가알'의 '현재 능동태 분사형'이다. 즉, '구속자', '친척으로서 행동하는 자'라는 뜻이다. 따라서 고엘 제도는 친족들 사이에서 지켜야 할 권리와 의무에 대한 제도를 가리킨다. 예를 들어 고대 근동사회에서는 가난한 형제가 빚 때문에 종으로 팔려가게 되었을 경우 가까운 친척이 그 빚을 갚음으로써 그를 종의 굴레에서 해방시켜주어야 했다(레 25:47-55). 또한 형제가 자신의 토지를 팔았을 경우 가까운 친척이 일정 기간 후에 그 값을 치름으로써 다시 그 토지를 돌려받게 할 수 있었다(레 25:23-28). 그리고 자기 형제가 죄를 지었을 경우 친족은 그 형제의 죄 값을 무를 의무를 지게 된다(민 5:8). 뿐만 아니라 자기 친족 중에 한 사람이 누군가에 의해 살해되었을 경우 가까운 친척이 그를 위해 피의 보수자가 될 수도 있다(민 35:19).

무엇보다도 '고엘'과 관련된 사회적 제도 중 가장 중요한 항목은 형제가 자식을 남기지 않고 죽었을 경우 가까운 형제 순으로 남겨진 미망인과 동침하여 그 가문을 존속시켜야 했다. 자녀가 많은 것이 하나님의 최대 축복으로 여겨졌던 고대 근동사회에서 하나님은 자녀 없이 죽은 형제의 기업 이을 자를 낳게 해주는 계대결혼제도(繼代結婚制度)를 아주 중요한 원리로 하나님의 백성들에게 두셨다. 이 원리는 하나님을 절대 신뢰하는 신앙이 기본이 될 때 그 기능을 발휘한다. 그런데 사사시대에서 과연 이 제도가 정상적인 기능을 할 수 있었을까?

하나님의 위기와 하나님의 사람 보아스

나오미는 남편과 두 아들을 잃고 모압 여인인 며느리 룻을 데리고 베들레헴으로 돌아왔다. 나오미의 삶에는 아무 희망이 없었다. 그녀는 여호와 하나님을 모르고, 여호와 하나님이 행하신 역사를 모르던 시대에 이러한 일을 당한 것이다. 유다의 후손을 통해 왕을 세우실 하나님의 계획이 최대 위기를 맞았다. 하나님이 왕을 세우실 때가 얼마 남지 않은 시점에 닥친 최대 위기였다. 앞으로 나오미는 어떻게 되는 것일까? 그의 가문은 어떻게 존속할 수 있을까? 이에 대한 대답은 곧 하나님의 위기가 해결되느냐, 하나님의 계획이 여기서 중단되느냐를 결정한다.

모든 희망이 사라진 나오미에게 소망의 불을 켜준 사람이 보아스다. 보아스는 누구인가? 그는 어떻게 나오미의 절망을 소망으로 바꿔줄 생각을 했을까? 보아스는 어떻게 희생을 감수하고 룻을 아내로 맞이하여 엘리멜렉의 후손을 이을 생각을 했을까? 보아스의 어머니는 라합이다. 라합이 어떤 여인인지 앞에서 살펴보았다. 그녀는 창녀로 살았지만 세상에서 일어나는 일을 보고 하나님의 역사를 깨닫고 천하의 주권자이신 하나님을 만난 여인이다. 그녀는 목숨을 걸고 하나님의 역사에 동참하여 그녀와 온 가족이 구원을 받았다. 이러한 라합이 자녀를 어떻게 교육했겠는가? 무슨 이야기를 해주었겠는가? 하나님의 계획, 하나님의 주권, 하나님의 뜻이 얼마나 중요한지와 그 일에 동참하는 것이 최고의 복인 것을 교육하지 않았겠는가? 보아스는 자신과 가정의 이익을 위해 결정하지 않았다. 그랬다면 엘리멜렉의 더 가까운 근족처럼 "나는 내 기업에 손해가 있을까 하여 나를 위하여 무르지 못하겠다"(룻 4:6)고 했을 것이다. 그는 오직 하나님의 계획, 하나님의 뜻, 하나님의 역사를 위해 기꺼이 희생을 감수한 신앙인이다. 그렇게 교육받은 보아스, 교육받은 대로 순종하며 살았던 보아스는 여느 사사시대 사람들과는 달랐다. 여호와를 모르고 여호와를 잊은 사람이 아니었다. 오히려 어두운 시대에 빛나는 옥석처럼 여호와를 더 잘 알고 그분이 행하신 역사를 더 잘 기억하여 그분의 뜻이 이루어지는 데 쓰임받는 것을 자기 이익보다 귀하게 여긴 믿음의 사람이다. 그 믿음의 사람으로 인해 나오미의 절망이 희망으로 바뀌었다. 하나님의 위기는 인간의 우려일 뿐이다.

룻은 자신의 민족, 자신의 종교를 버리고 하나님을 선택했다

하나님은 이방인도 하나님의 구원에 들어올 수 있다는 것을 보여주시려고 룻을 족보에 기록하셨을까? 그것도 한 이유가 될 것이다. 하지만 그보다 더 큰 이유가 있다. 하나님이 룻을 족보에 기록하신 것은 사사시대의 시대상과 무관하지 않다. 여호와를 모르던 시대에 룻은 여호와를 알았다. 여호와 하나님이 행하신 역사를 모르던 시대에 룻은 여호와 하나님의 역사를 알았다. 그것이 어떻게 가능했을까?

> "나오미가 또 이르되 보라 네 동서는 그의 백성과 그의 신들에게로 돌아가나니 너도 너의 동서를 따라 돌아가라 하니 룻이 이르되 내게 어머니를 떠나며 어머니를 따르지 말고 돌아가라 강권하지 마옵소서 어머니께서 가시는 곳에 나도 가고 어머니께서 머무시는 곳에서 나도 머물겠나이다 어머니의 백성이

나의 백성이 되고 어머니의 하나님이 나의 하나님이 되시리니 어머니께서 죽으시는 곳에서 나도 죽어 거기 묻힐 것이라 만일 내가 죽는 일 외에 어머니를 떠나면 여호와께서 내게 벌을 내리시고 더 내리시기를 원하나이다 하는지라"(룻 1:15-17).

나오미는 두 자부에게 자신은 늙어 아이를 낳을 수 없고, 낳을 수 있다 하더라도 자랄 때까지 어떻게 기다리겠느냐며 고향으로 돌아가 새 삶을 살라고 권면했다. 큰 자부는 시어머니의 권면을 받고 감사하는 마음으로 돌아갔다. 그러나 둘째 자부 룻은 돌아가지 않고 시어머니를 따랐다. 나오미가 "동서처럼 돌아가라!"고 권면했을 때 룻은 다음과 같이 대답했다.

어머니께서 가시는 곳에 나도 가겠습니다.
어머니께서 머무시는 곳에 나도 머물겠습니다.
어머니의 백성이 나의 백성이 될 것입니다.
어머니의 하나님이 나의 하나님이 될 것입니다.
어머니께서 죽으시는 곳에서 나도 죽겠습니다.
죽는 일 외에 어머니를 떠나면 하나님께서 벌을 내리시고 더 내리시길 원합니다.

자녀도 부모를 공경하지 않는 시대에 룻은 며느리로서 시어머니를 끝까지 공경하겠다고 고백한다. 그녀는 자기 백성에게서 이탈하여 하나님의 백성이 되겠다고 고백한다. 그녀는 자신이 섬기던 종교를 버리고 개종하여 하나님만 섬기겠다고 고백한다. 그녀는 하나님이 축복과 저주의 권한을 가지신 분임을 알았다. 룻은 여호와 하나님을 모르고, 그분이 자기 민족을 위해 행하신 일도 모르던 시대에 여호와 하나님을 안 신앙인이다. 룻은 이방인을 구원하시는 하나님의 은혜를 보여주려고 족보에 기록된 여인이 아니다. 사사시대에 살았던 보아스와 룻은 하나님을 알았다. 하나님을 아는 정도가 아니라 여호와 하나님의 계획이 얼마나 중요한지를 알았다. 하나님은 자신을 알지 못하는 시대를 사는 사람들을 위해 '기업 잇기 제도'를 오래전부터(그 근원은 창세기 유다 시대로 거슬러 올라간다) 인간 세상에서 실천되게 하셨다. 하나님의 존재를 인정한다면 당연히 하나님의 이 계획은 실천될 것이다. 그러나 하나님을 모르는 시대, 하나님이 행하신 일을 모르는 시대를 대표하는 나오미의 근족의 고백을 들어보라.

> "나는 내 기업에 손해가 있을까 하여 나를 위하여 무르지 못하겠노라"(룻 4:6).

여호와 하나님을 알면 하나님의 계획보다 자기 유익이 중요할 수 없다. 여호와 하나님을 알지 못하니 자신과 가정이 중요한 것이다. 이러한 사사시대에 여호와 하나님을 만난 룻, 자신의 민족을 버리고 하나님의 선민이 되기를 결단한 룻, 자신이 평생 숭배해왔던 종교를 버리고 살아계신 여호와 하나님을 믿은 룻이 족보에 기록되지 않는다면 누가 족보에 기록될 수 있겠는가?

아직도 기회는 있다

아직도 하나님의 계획 속에 남아 있는 사실 하나가 있다. 하나님 나라에는 생명책이 있다. 하나님이 누구를 그 책에 기록하실까? 여호와가 하나님이신 것을 모르는 자를 기록하실까? 여호와가 하나님이신 것은 알지만 참된 신앙생활을 하는 것이 아니라 종교생활을 하며 믿는 척하는 자들을 기록하실까? 자신과 가정의 이익만을 위해 사는 사람을 기록하실까? 하나님은 누구를 생명책에 기록하실까? 생명책에는 마태복음에서 언급된 룻의 이름뿐만 아니라 그녀가 살아온 믿음의 삶이 기록되어 있을 것이다. 나에게도 아직 기회가 있다. 지금까지 어떻게 살아왔는가도 중요하지만 오늘부터가 더 중요하다. 나의 전인격, 내 삶의 모든 순간이 마태복음 25장에 나오는 영생에 들어갈 자들처럼 생명책에 기록되는 삶이어야 한다. 그것은 나의 선택에 달렸다. 언제까지 종교생활을 할 것인가? 참 믿음의 생활로 돌아서야 할 때다.

생각해 보기

1. 예수님을 따르기 위해 무엇을 포기했는가?

2. 그 포기 때문에 지금 어떤 모습으로 살고 있는가?

3. 예수님을 따르기 위해 포기해야 할 것이 있다면 무엇인가?

12장
다윗에게만 왕(王)이라는 직책이 사용되었다

6상 이새는 다윗 왕을 낳으니라.

᾿Ιεσσαὶ δὲ ἐγέννησεν τὸν Δαυὶδ τὸν βασιλέα.

하나님은 처음부터 다윗을 왕으로 세우려고 예정하셨다

하나님은 아브라함에게 국가를 건설하게 될 것을 언약으로 주셨다.[1] 야곱이 천국의 장자권을 사모하는 것을 보고 그를 통해 국가의 기초가 되는 열두 지파를 형성하게 하셨다. 국가가 국가다우려면 나라를 이끌 통치사가 있어야 한다. 하나님은 유다의 후손 가운데 왕을 세워 나라를 이끌기로 작정하셨다. 하나님은 이스라엘 백성을 이집트에서 구출해내셔서 가나안 땅으로 인도해가시던 도중 훗날 국가가 세워질 때 필요한 왕의 기준을 언급하셨다.

■

1 이 언약은 문자적으로 표현되지는 않았다. "내가 너로 큰 민족을 이루어준다"는 말씀은 곧 국가를 건설해 주신다는 말씀이다.

하나님이 세우신 기준에 부합하는 첫 인물, 하나님이 선택하신 첫 인물이 다윗이기에 하나님은 기쁨으로 다윗에게만 유일하게 왕(王)이라는 직책을 붙여주셨다. 이것을 통해 하나님 계획의 중요성, 하나님 말씀의 중요성, 하나님께 쓰임받는 것이 얼마나 중요한 것인가를 가르쳐주고 계신다.

하나님의 계획에 세 차례 위기가 있었다

하나님이 아브라함에게 약속하셨던 이 계획에는 많은 위기가 있었다. 하나님은 그 모든 위기를 자신의 능력으로 돌파하시고 약속을 성취하셨다.

하나님이 세우신 왕의 기준(신 17:14-20)

여호와가 택하신 자를 왕으로 세워야 한다.
형제 중에서 왕을 세워야 한다.
왕은 병마를 많이 두지 않는 자라야 한다.
왕은 아내를 많이 두어 마음이 미혹되지 않아야 한다.
왕은 자신을 위해 은금을 쌓지 말아야 한다.
왕위에 오르면 율법을 평생 자기 곁에 두고 읽으며 하나님 경외하기를 배워야 한다.
왕은 율법의 규례와 말을 지켜야 한다.

유다로 인한 첫 번째 위기

유다에게는 엘과 오난과 셀라라는 세 아들이 있었다. 유다는 장남 엘을 위해 다말을 데려왔다. 하나님이 장자 엘의 죄가 무엇인지 밝히지 않으셔서 알 수 없지만 하나님은 그의 악으로 인해 그의 목숨을 거두셨다. 유다

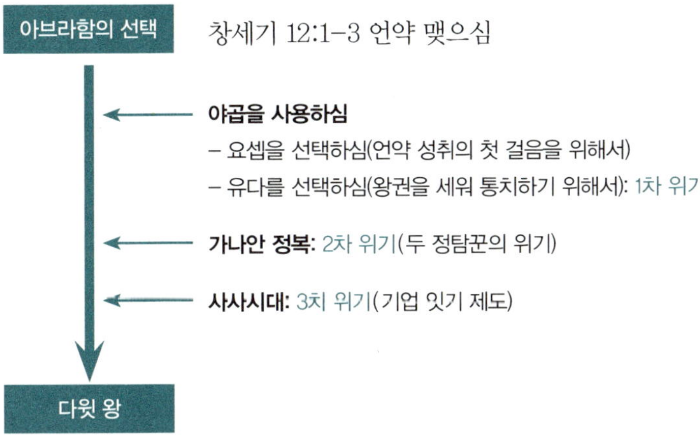

는 장자 엘의 후손을 위해 차남 오난을 형수인 다말에게 들여보냈다. 오난은 형의 후손을 잇고 싶은 마음이 없어서 성관계 후 땅에 설정했다. 하나님은 오난의 악한 행동을 보시고 그의 목숨도 거두셨다(창 38:6-10). 그러자 유다는 인간적 수단과 방법을 동원하기 시작했다. 유다는 삼남 셀라가 어리다는 이유를 들어 다말을 친정으로 돌려보냈다. 하나님의 계획은 위기에 봉착했다. 하나님은 유다를 통해 이룰 수 없는 계획을 다말을 통해 이루어가셨다(구체적인 내용은 다말이 족보에 기록된 이유에서 살펴보았다). 첫 번째 위기는 그렇게 넘어갔다.

가나안 정탐시대에 맞은 두 번째 위기

두 번째 위기가 찾아왔다. 하나님은 아브라함에게 땅을 주기로 약속하셨다(창 15:12-21). 하나님이 정하신 때가 되어 이스라엘이 이집트에서 탈출했지만 하나님의 계획을 몰라 불평하고 원망하는 백성을 광야에서 40년 동안 방황하게 하시고 그들을 다 죽이셨다. 이제 새로운 지도자, 새로운 세대의 백성이 준비되었다. 하나님은 여리고를 정탐한 후 그 땅을 이스라엘에게 주려 하셨다. 그러나 두 정탐꾼의 정체가 발각되어 여리고 군사들에게 쫓기는 처지가 되었다. 하나님이 아브라함과 맺으신 '가나안 땅을 주시겠다는 언약'이 위기에 처하게 되었다. 하나님은 라합이라는 여인을 예비하시고 그것을 돌파하셨다(구체적인 내용은 라합이 족보에 기록된 이유에서 살펴보았다).

사사시대에 맞은 세 번째 위기

하나님의 계획에 최대 위기가 닥쳤다. 유다의 7대손 엘리멜렉이 기근을 피해 모압으로 내려갔다가 그곳에서 죽었다. 그의 두 아들도 죽었다. 엘리멜렉의 아내 나오미와 두 이방 며느리만 남았다(룻 1:1-5). 유다 지파를 통해 왕권을 세우시고 통치자의 지팡이가 실로에 오실 때까지 이어질 하나님의 계획은 어떻게 되는 것인가? 하나님은 이러한 위기의 때를 위해 '기업 잇기 제도'를 이미 이스라엘 민족에게 주셨다. 이 제도는 하나님을 알고, 하나님의 계획에 순종하는 믿음이 있는 자라야 실현이 가능하다. 그러나 사사시대 사람들은 여호와 하나님을 알지 못했다. 여호와 하나님이 자기 백성들을 위해 하신 일도 몰랐다. 하나님의 계획은 어떻게 될 것인가? 하나님은 룻이라는 여인과 보아스를 통해 이 위기를 돌파하셨다(구체적인 내용은 룻이 족보에 기록된 이유에서 살펴보았다).

다윗 왕이 다스리는 하나님 나라가 시작되다

하나님은 계속되는 위기를 자신의 방법으로 돌파하셨다. 보아스와 룻을 통해 오벳이 탄생했다. 오벳을 통해 이새가 탄생했다. 이새를 통해 다윗이 태어났다. 하나님은 이새에게 여덟 아들을 주셨다. 그 중 막내인 다윗을 선택하시고 왕으로 세우셨다. 이제 하나님이 계획하신 바가 이루어졌다.

이 계획은 약 1000년 전에 계획되었고 1000년이 지난 후 실제 모습을 드러냈다.

아브라함은 하나님이 자신을 통해 큰 민족을 이루시고, 자신의 이름을 창대하게 해주시며, 자신이 복의 근원이 될 것이라고 약속해주신 의미를 제대로 알지 못했을 것이다. 왜냐하면 하나님이 그 의미들을 마음에 숨겨두시고, 다윗을 왕으로 세우신 후에 드러내셨기 때문이다. 마태복음의 족보에 등장하는 모든 이름 뒤에 '왕'이라는 칭호가 붙지 않는다. 오직 다윗에게만 '다윗 왕'이라는 직책이 붙는다. 하나님이 1000년 동안 준비하시고 이루신 결과물이다. 하나님은 자신을 아는 왕, 자신의 마음을 아는 왕, 자신의 뜻을 알고 살면서 백성을 다스릴 왕을 세우고 싶으셨다. 인간 왕이 통치하는 나라지만 하나님이 통치하시는 하나님 나라와 같은 나라를 꿈꾸셨다. 이제 그 왕이 세워졌고 그 나라가 시작될 것이다. 첫 14대는 아브라함에게서 시작하여 다윗 왕에서 끝났다.

오늘날 성도에게 주어진 하나님의 계획

하나님의 계획은 먼 미래를 향해 있지만 현재를 통해 이루어가도록 설계하셨다. 이제 마지막 남은 하나님의 계획은 '마라나타'다. 예수님이 재림의 주로 오시는 계획만 남았다. 재림의 주님이 오시기 위해 먼저 이루어져야 할 계획이 있다. 바로 온 천하에 복음이 전파되는 것이다.

> "이 천국 복음이 모든 민족에게 증언되기 위하여 온 세상에 전파되리니 그제야 끝이 오리라"(마 24:14).

우리는 어떻게 복음을 전하고 있는가? 복음전도 사역에 동참하지 않는다면 주님의 재림을 준비하지 않는 것과 같다. 그리고 예수님의 재림을 맞이하려면 그리스도의 신부로 준비되어야 한다. 우리는 신랑 되신 예수님을 위해 단 하나의 티나 주름, 혹은 흠잡힐 것 없이 거룩해야 한다. 우리는 예수님과 동행하기 위해 이 세상 것들에 매달리지 않고 죄로 저주받은 이 세상을 떠날 준비를 하고 있어야 한다. 그분을 만나기 위해 매일 자신을 준비하지 않는다면 예수님을 진정 사랑하는 것이 아니다. 다시 오실 주님을 맞이할 준비를 해야 한다. 우리는 요한계시록을 통해 천국의 하나님으로부터 신부로 준비되는 거룩한 사람들이 내려오고 있음을 안다.

> "또 내가 보매 거룩한 성 새 예루살렘이 하나님께로부터 하늘에서 내려오니 그 준비한 것이 신부가 남편을 위하여 단장한 것 같더라"(계 21:2).

여기서 요한이 말하는 거룩한 도시는 시온이며, 인내로 이긴 하나님의 영적 자녀들로 구성된 곳이다. 그들은 천국에 그리스도와 단둘이 앉혀졌다. 하나님의 '신부'인 성도들은 이 세상 즐거움을 추구하지 않는다. 그들의 삶은 물질적인 것을 따르지 않는다. 그와 반대로 그들의 마음은 항상 주님을 따른다. 그들은 예수님 외에 아무것도 바라지 않는다. 그리스도의 신부들은 이 세상에 사는 동안 신랑과 함께 올릴 결혼 예식만 고대하며 산다.

생각해 보기

1. 교회에 어떤 일이 일어나고 있는가?

2. 나로 인해 위기가 더해지는 것은 없는가?

3. 내가 어떻게 행동하면 그 위기를 잘 넘길 수 있을까?

13장
나머지 사람들

지금까지 전통적인 족보에 파격을 준 인물들을 중심으로 살펴보았다. 그리고 누가복음과 비교해 첫 14대에는 빠진 인물이 없다고 보고 이집트 생활 시작 세대와 마지막 세대인 헤스론과 나손, 그리고 다윗 왕의 할아버지 오벳과 아버지 이새만 묵상했다.

첫 번째 14대를 보다 자세히 들여다보면 '헤스론'이 이집트 노예생활 첫 세대이고, '나손'이 출이집트 세대다.

❶ → 야곱 가족이 이집트 땅에 도착하다▶헤스론(첫 이집트 생활 막내 세대)
– 70명이 이집트 땅에 내려가다
– 약 BC 1875년경

❷ → 람

❸ → 암미나답

❹ → 나손▶이집트 마지막 탈출 첫 세대
– 약 BC 1450년경

'나손'은 출이집트 세대다. 그는 출이집트 후 만 20세 이상의 남자를 계수할 때 유다 지파의 대표로 뽑혔다(민 1:7). 이집트 430년 노예생활, 4세대뿐이다. 이 말씀은 창세기에 나오는 예언의 말씀과 정확하게 일치한다.

> "여호와께서 아브람에게 이르시되 너는 반드시 알라 네 자손이 이방에서 객이 되어 그들을 섬기겠고 그들은 사백 년 동안 네 자손을 괴롭히리니 그들이 섬기는 나라를 내가 징벌할지며 그 후에 네 자손이 큰 재물을 이끌고 나오리라 너는 장수하다가 평안히 조상에게로 돌아가 장사될 것이요 네 자손은 사대 만에 이 땅으로 돌아오리니 이는 아모리 족속의 죄악이 아직 가득 차지 아니함이니라 하시더니"(창 15:13-16).

하나님은 13절 말씀에서 400년 동안 나그네로 객이 되어 생활하고, 16절 말씀에서 사대 만에 돌아온다고 선언하셨다.

헤스론은 이집트 노예생활 첫 세대다

마태복음의 족보처럼 룻기도 "헤스론은 람을 낳았고 람은 암미나답을 낳았고"(룻 4:19)라고 기록했다. 마태복음의 족보는 룻기서 족보를 그대로 옮겨온 것으로 보인다. 야곱이 70명의 가족을 이끌고 이집트 땅으로 내려갈 때 그 명단에 '헤스론'도 있다.

> "유다의 아들 곧 엘과 오난과 셀라와 베레스와 세라니 엘과 오난은 가나안 땅에서 죽었고 베레스의 아들은 헤스론과 하물이요"(창 46:12).

즉, 이집트에 내려간 세대 중 막내 세대인데, 야곱과 유다와 베레스 그리고 헤스론이다. 4세대를 합친 인원이 모두 70명이란 뜻이다. 그러므로 '헤스론'은 분명히 이집트 노예생활 첫 세대다. 문제는 "헤스론이 람을 낳았다"고 하는 데 있다. 과연 헤스론이 람을 직접 낳았는가? 역대기서는 헤스론이 첫째 부인을 통해 낳은 둘째 아들이 람이라고 밝힌다(대상 2:9).

> "헤스론이 낳은 아들은 여라므엘과 람과 글루배라 람은 암미나답을 낳고 암미나답은 나손을 낳았으니 나손은 유다 자손의 방백이며 나손은 살마를 낳고 살마는 보아스를 낳고"(대상 2:9-11).

글루배의 다른 이름은 갈렙이다. 유다는 다말에게서 베레스를 낳았고, 베레스는 헤스론을 낳았고, 헤스론은 람을 낳았다. 그리고 암미나답, 나손으로 이어진다. 헤스론은 이집트 노예생활의 첫 세대이고, 나손은 출이집트 세대다.

람과 암미나답은 노예생활 시작과 말기 세대다

헤스론은 베레스의 친 아들이다. 그의 아들인 람과 람의 아들 암미나답은 이집트 400년 동안 노예생활을 한 세대들이다. 그들의 행적을 알 수는 없다. 성경이 침묵하고 있기 때문이다. 그러나 하나님이 4세대 만에 돌아올 것(창 15:16)이라고 예언하셨기 때문에 이 하나님의 계획 속에서 어느 정도 추론할 수 있다. 아마도 람은 노예생활 초창기 세대에 해당할 것이다. 암미나답은 노예생활 말기 세대에 해당할 것이다. 그렇다면 그들의 인생은 고달프기 짝이 없는 삶이었을 것이다.

하나님이 아브라함에게 하신 약속으로 인해 이방의 객이 되었고, 어느 순간부터 노예생활을 시작하게 되었다. 그것은 자신들의 선택이 아닌 하나님에 의해 주도된 것이었다. 같은 경우를 신약의 바울에게서 볼 수 있다. 그 또한 하나님에 의해 주도된 삶을 살았다. 그가 복음을 위해 당한 이루 말할 수 없는 고난이 고린도후서 11장에 기록되어 있다.

> "그들이 그리스도의 일꾼이냐 정신 없는 말을 하거니와 나는 더욱 그러하도다 내가 수고를 넘치도록 하고 옥에 갇히기도 더 많이 하고 매도 수없이 맞고 여러 번 죽을 뻔하였으니 유대인들에게 사십에서 하나 감한 매를 다섯 번 맞았으며 세 번 태장으로 맞고 한 번 돌로 맞고 세 번 파선하고 일 주야를 깊은 바다에서 지냈으며 여러 번 여행하면서 강의 위험과 강도의 위험과 동족의 위험과 이방인의 위험과 시내의 위험과 광야의 위험과 바다의 위험과 거짓 형제 중의 위험을 당하고 또 수고하며 애쓰고 여러 번 자지 못하고 주리며 목마르고 여러 번 굶고 춥고 헐벗었노라"(고후 11:23-27).

자신이 지은 죄로 인해 고달픈 인생을 사는 사람은 죄의 대가를 받는 것이다. 그러나 하나님이 주도하셔서 고난의 삶을 사는 사람은 하늘나라에서 큰 상급을 받게 될 것이다.

나손은 출이집트 세대다

나손은 출애굽 세대로서 유다 지파의 대표다(민 1:7). 그는 20세 이상 된 유다 지파의 모든 후손을 한 명도 빠뜨리지 않고 계수해 74,600명인 것을 모세와 아론에게 보고한 인물이다(민 1:27). 그는 행진 진영을 편성할 때 유다 지파의 지휘관이 되었다(민 2:3).

나손 또한 노예생활 마지막 세대를 산 인물이다. 그러나 그는 이집트에서 탈출하는 은혜를 누렸다. 즉, 노예생활과 구속의 은혜를 함께 누린 세대다. 오랜 노예생활은 하나님이 주신 구속의 은혜를 제대로 누리지 못하게 했는데, 그도 마찬가지였다. 그는 유다 지파의 대표 인물로 뽑혔지만 광야에서 죽어간 세대다.

오벳과 이새는 다윗 왕의 아버지와 할아버지다

오벳은 다윗의 할아버지로서 성경에 거의 언급되어 있지 않다. 그는 성경에 아주 많이 예언된 이새를 낳았다. 그렇다면 이새는 누구인가? 이사야 선지자는 이렇게 예언했다.

> "이새의 줄기에서 한 싹이 나며 그 뿌리에서 한 가지가 나서 결실할 것이요"(사 11:1).

이새의 줄기에서 한 싹이 나오는데 이는 그리스도를 상징한다. 즉, 이새에게서 그리스도가 나오신다는 뜻이다. 이사야 선지자는 또 이렇게 예언했다.

> "그 날에 이새의 뿌리에서 한 싹이 나서 만민의 기치로 설 것이요 열방이 그에게로 돌아오리니 그가 거한 곳이 영화로우리라"(사 11:10).

이새의 뿌리에서 한 싹이 나오는데 이 또한 그리스도를 상징한다. 이새는 다윗을 낳을 뿐만 아니라 하나님의 감추어진 비밀인 그리스도를 탄생시킬 자다. 그는 하나님의 일차적인 꿈이셨던 다윗 왕을 낳은 인물이다.

생각해 보기

1. 나의 고통은 죄로 인한 것인가?

2. 내가 현재 겪는 고통은 하나님의 주도하심으로 인한 것인가?

3. 죄의 저주와 구속의 은혜 가운데 지금 어디에 속해있는가?

2부

두 번째 14대

(6하–11절)

다윗은 우리야의 아내에게서 솔로몬을 낳고
솔로몬은 르호보암을 낳고 르호보암은
아비야를 낳고 아비야는 아사를 낳고 아사는
여호사밧을 낳고 여호사밧은 요람을 낳고
요람은 웃시야를 낳고 웃시야는 요담을 낳고
요담은 아하스를 낳고 아하스는 히스기야를
낳고 히스기야는 므낫세를 낳고 므낫세는
아몬을 낳고 아몬은 요시야를 낳고 바벨론으로
사로잡혀 갈 때에 요시야는 여고냐와 그의
형제들을 낳으니라.

불의에 기초한 나라, 불의가 계속되는 나라는 멸망한다.

관찰 질문

1. "다윗은 우리아의 아내에게서 솔로몬을 낳았다"(6하).
   - 왜 하나님은 전통적인 족보 기록 방법을 깨셨는가?

   1.1. 중복 계수하면서까지 왜 다윗을 둘째 14대를 시작하는 인물로 기록했는가?

   1.2. "다윗 왕"(1:6상)에서 왜 "왕"이라는 직책을 빼셨는가?

   1.3. 장남 암논을 뺀 이유는 무엇인가?

   1.4. 후처의 아들인 솔로몬을 선택하여 기록한 이유는 무엇인가?

   1.5. 밧세바가 아닌 "우리아의 아내"로 기록한 이유는 무엇인가?

2. "아비야는 아사를 낳았다"(7하).
   - 왜 하나님은 전통적인 족보 기록 방법을 깨셨는가?

   2.1. 헬라어 성경은 왜 "아사"가 아니라 "아삽"(Ασάφ)이라고 기록하였는가?

   2.2. "아사"와 "아삽"은 어떤 사람인가?

3. "요람은 웃시야를 낳았다"(8하).
   - 왜 하나님은 전통적인 족보 기록 방법을 깨셨는가?

3.1. 요람(여호람)과 웃시야(아사랴) 사이에 3명을 뺀 이유는 무엇인가?

3.2. 아히사야, 요아스, 아먀스는 어떤 사람인가?

4. "므낫세"는 "아몬"을 낳았다.

– 왜 하나님은 전통적인 족보 기록 방법을 깨셨는가?

4.1. 헬라어 성경은 왜 "아몬"이 아니라 "아모스"('Αμὼς)라고 기록하였는가?

4.2. "아몬"과 "아모스"는 어떤 사람인가?

5. "바벨론으로 사로잡혀 갈 때에 요시야는 여고냐와 그 형제들을 낳았다."

– 왜 하나님은 전통적인 족보 기록 방법을 깨셨는가?

5.1. "바벨론으로 사로잡혀 갈 때"라는 상황이 왜 언급되었는가?

5.2. "요시야와 여고냐"를 전후로 왜 세 사람을 뺐는가?

5.3. 여호아하스, 여호야김, 시드기야는 어떤 사람인가?

5.4. 다윗처럼 왜 "여고냐"를 둘째 14대에 계수하지 않았는가?

5.5. 둘째 14대 마지막 인물로 왜 요시야를 선정했는가?

14장

하나님은 다윗의 불의를 경고하신다

6하 다윗은 우리아의 아내에게서 솔로몬을 낳고.

Δαυὶδ δὲ ἐγέννησεν τὸν Σολομῶντα ἐκ τῆς τοῦ Οὐρίου,

"우리아의 아내에게서"는 '밧세바'를 가리키지 않는다

족보는 전통적으로 "아브라함이 이삭을 낳았다"는 식으로 표현한다. 족보에 파격을 준다 해도 "유다는 다말에게서, 살몬은 라합에게서, 보아스는 룻에게서"라고 표현한다. 하나님은 여기에서 또 다른 파격을 취하셔서 "다윗은 우리아의 아내에게서 솔로몬을 낳았다"고 표현하셨다. 하나님은 무엇을 말씀하시려는 것인가?

"우리아의 아내"가 밧세바인 것은 모든 히브리 독자가 다 아는 사실이다. 그러나 하나님은 밧세바라는 이름을 거명하지 않으셨다. 그것은 이 구절이 밧세바에 대해 말씀하시려는 것이 아니라는 뜻이다. 그런데 우리는 마태복음 족보에 다섯 명의 여자 이름이 등장한다고 알고 있다. 그렇다면 다섯 명이 등장하는 것인가, 네 명이 등장하는 것인가? 네 명이다. 그 이유는 "우리의 아내"라고 할 때 그것이 밧세바에게 초점이 맞춰져 있는 것이 아니라 다윗에게 있기 때문이다. 하나님은 모든 독자가 알고 있는데도 불구하고 "우리아의 아내"라고 언급하셨다. 하나님의 관심은 어디에 계신 것인가?

하나님의 관심은 여자에 계시지 않다

"우리아의 아내"는 여자를 지칭하는 것이 맞지만 여자의 이름은 아니다. 이 사건은 왕정시대에 일어났다. 족보를 기록하기 1000년 전에 일어난 사건이다. 하나님은 왜 1000년 전에 일어난 사건에 대해 성경 저자가 족보를 기록할 때 여자의 이름을 직접 사용하지 못하게 하셨을까? 그것은 하나님의 관심이 밧세바에게 없으셨기 때문이다. 다말, 라합, 룻의 이름은 명확하게 기록했는데 왜 밧세바는 "우리아의 아내"라고 기록했을까? 다윗을 통해 태어난 아들을 언급하려면 당연히 왕비의 이름이 등장해야 한다. 하나님은 왜 족보의 상식을 깨뜨리신 것일까? 이 사건은 1000년 전에 일어났다. 하나님은 1000년 동안 이 사건을 한 번도 잊은 적이 없으셨다. 설령 잊으셨다고 해도 마태복음 저자가 족보를 기록할 때 다시 기억하셔서 밧세바를 다윗의 아내로 기록해서는 안 된다고 강력하게 영감을 주셨다. 이 문제를 풀기 위해 하나님이 다윗에게 베푸신 은혜와 언약을 생각해보자.

하나님이 선택하여 기름부은 다윗 왕

사울 왕은 하나님을 두려워하지 않고 백성을 두려워했다(삼상 15:24). 하나님은 사울이 지은 단 한 번의 죄로 그를 버리셨다. 사울은 아말렉과의 전투 이후 사무엘 선지자의 지적을 받고 "내가 범죄하였습니다(삼상 15:24) 청하오니 지금 내 죄를 사해 주옵소서(삼상 15:25)"라고 고백했다. 사울은 남녀와 모든 가축을 다 죽이라는 하나님의 명령을 어기고 아말렉 왕과 살지고 기름진 짐승들을 남기는 죄를 지었다(삼상 15:9). 어찌 보면 대수롭지 않게 여겨질 수도 있다. 지금이라도 죽이면 될 것처럼 보인다. 그러나 하나님은 단번에 그를 버리셨다. 그리고 선택한 사람이 다윗이었다.

> "여호와께서 사무엘에게 이르시되 내가 이미 사울을 버려 이스라엘 왕이 되지 못하게 하였거늘 네가 그를 위하여 언제까지 슬퍼하겠느냐 너는 뿔에 기름을 채워 가지고 가라 내가 너를 베들레헴 사람 이새에게로 보내리니 이는 내가 그의 아들 중에서 한 왕을 보았느니라 하시는지라"(삼상 16:1).

> "이새가 그의 아들 일곱을 다 사무엘 앞으로 지나가게 하나 사무엘이 이새에게 이르되 여호와께서 이들을 택하지 아니하셨느니라 하고 또 사무엘이 이새에게 이르되 네 아들들이 다 여기 있느냐 이새가 이르되 아직 막내가 남았는데 그는 양을 지키나이다 사무엘이 이새에게 이르되 사람을 보내어 그를 데려오라 그가 여기 오기까지는 우리가 식사 자리에 앉지 아니하겠노라 이에 사람을 보내어 그를 데려오매 그의 빛이 붉고 눈이 빼어나고 얼굴이 아름답더라 여호와께서 이르시되 이가 그니 일어나 기름을 부으라 하시는지라 사무엘이 기름 뿔병을 가져다가 그의 형제 중에서 그에게 부었더니 이 날 이후로 다윗이 여호와의 영에게 크게 감동되니라 사무엘이 떠나서 라마로 가니라"(삼상 16:10-13).

하나님은 사무엘 선지자가 마음에 들어 했던 일곱 아들에게 모두 퇴짜를 놓으셨다. 그 당시 집에 거주하지 않고 양을 치고 있던 다윗을 데려와 모든 가족이 보는 앞에서 기름을 부으셨다. 그날 이후 다윗은 여호와의 영에 크게 감동되어 살았다.

하나님은 다윗에게 특별한 언약을 하셨다

하나님은 사울 왕에게 쫓기는 다윗과 늘 함께하셨고 보호하셨다. 하나님은 때가 되자 다윗을 왕으로 세우셨다(삼하 5:1-5). 하나님은 다윗이 성전을 건축하기 원했지만 거부하셨다. 하지만 그의 마음을 받으시고 특별한 언약을 베푸셨다.

> "전에 내가 사사에게 명령하여 내 백성 이스라엘을 다스리던 때와 같지 아니하게 하고 너를 모든 원수에게서 벗어나 편히 쉬게 하리라 여호와가 또 네게 이르노니 여호와가 너를 위하여 집을 짓고 네 수한이 차서 네 조상들과 함께 누울 때에 내가 네 몸에서 날 네 씨를 네 뒤에 세워 그의 나라를 견고하게 하리라 그는 내 이름을 위하여 집을 건축할 것이요 나는 그의 나라 왕위를 영원히 견고하게 하리라"(삼하 7:11-13).

여호와 하나님은 다윗에게 이와 같은 은혜를 베푸시고 자신의 언약 위에서 왕정시대를 시작하셨다. 그리고 자신이 선택하여 세우신 왕이 다스리게 했다. 그 왕은 여호와 하나님과 동행하고 그분의 뜻을 따라 나라와 백성을 통치해야 했다. 그런데 다윗은 어떤 일을 저질렀는가?

> "저녁 때에 다윗이 그의 침상에서 일어나 왕궁 옥상에서 거닐다가 그곳에서 보니 한 여인이 목욕을 하는데 심히 아름다워 보이는지라"(삼하 11:2).

다윗은 하나님의 통치를 벗어났다

다윗은 가장 충성된 부하 요압 장군에게 전쟁을 맡기고 왕궁 옥상을 거닐다가 한 여인이 목욕하는 것을 보고 미혹되었다. 그래서 그녀가 누구인지 알아보았다. 다윗이 저녁 때 옥상에서 목욕하는 여인의 아름다움을 볼 수 있을 정도라면 성 바로 아래에 위치한 집일 가능성이 크다. 다윗의 성벽 아래에 누가 살 수 있겠는가? 적군이 살 수 있겠는가? 왕의 신뢰를 받지 못하는 장수나 신하가 살 수 있겠는가? 그렇다면 누가 살 것인지는 자명하다. 가장 충성된 신하일 것이다.

> "그는 엘리암의 딸이요 헷 사람 우리아의 아내 밧세바가 아니니이까"(삼하 11:3).

다윗은 그 아름다운 여인이 자신의 충성된 신하의 아내인 것을 알았다. 그럼에도 불구하고 그녀를 왕궁으로 불러 간음했다. 얼마 지나지 않아 그녀가 잉태했다는 전갈을 받았다.

다윗은 하나님의 통치를 완전히 벗어나 살인했다

다윗은 그것을 은폐시킬 계획을 세웠다. 다윗은 요압에게 우리아를 자신에게로 보내라고 전갈을 보냈다. 다윗은 우리아가 도착하자 요압 장군과 군사들의 안부를 묻고 싸움이 어떠했는지 물었다. 그리고 명령했다. "네 집으로 내려가서 발을 씻으라"(삼하 11:8). 우리아가 집으로 갈 때 왕이 보낸 음식물이 따라갔다(삼하 11:8). 그러나 우리아는 집으로 내려가지 않고 왕궁 문에서 다른 부하들과 함께 잤다. 다윗이 우리아에게 왜 집으로 내려가지 않았는지 물었다.

> "어찌하여 네 집으로 내려가지 아니하였느냐"(삼하 11:10하).

> "언약궤와 이스라엘과 유다가 야영 중에 있고 내 주 요압과 내 왕의 부하들이 바깥 들에 진 치고 있거늘 내가 어찌 내 집으로 가서 먹고 마시고 내 처와 같이 자리이까"(삼하 11:11) .

다윗이 우리아에게 집에 내려가라고 다시 명령했지만 그는 여전히 집으로 가지 않았다. 그러자 다윗은 요압에게 편지를 써 보냈다.

> "우리아를 맹렬한 싸움에 앞세워 두고 너희는 뒤로 물러가서 그로 맞아 죽게 하라"(삼하 11:15).

다윗은 자신의 간음을 은폐하기 위해 충성된 장수를 죽였다. 다윗은 충성된 부하를 죽이고 그의 아내를 자신의 아내로 취했다. 하나님은 1000년 전의 사건을 기억하시고 "다윗은 밧세바에게서 솔로몬을 낳고"가 아닌 "다윗은 우리아의 아내에게서 솔로몬을 낳고"라고 기록하게 하셨다. 전통적인 족보 기록 방법을 파괴하시면서 그렇게 기록하신 이유는 다음과 같다.

하나님은 "우리아의 아내"를 통해 다윗의 죄를 고발하신다

하나님은 "우리아의 아내가 다윗에게서 아들을 낳았다"고 기록하지 않으셨다. "다윗은 우리아의 아내에게서 솔로몬을 낳고"(마 1:6하)라고 기록하셨다. 그 전에 나오는 세 여인(다말, 라합, 룻)은 하나님이 그들을 왜 족보에 기록하셨는지를 알리기 위해서였다. 네 번째 언급되고 있는 이 여인은 그녀들과 목적이 다르다. 여인의 이름을 언급하지 않고 남편 이름을 언급하면서 다윗이 그 남편의 아내에게서 아들을 낳았다고 고발하고 있다. 즉, 하나님은 자신이 선택하여 세운 왕 다윗이 자신의 뜻을 완전히 저버리고 간음죄를 범한 죄인인 것을 고발하신다.

하나님은 자신의 약속을 쉽게 변개하지 않는 분이시다. 나단 선지자를 통해 다윗의 죄를 책망하셨다. 다윗에게 깨닫고 돌이킬 기회를 주신 것이다. 하나님은 자신이 선택하여 세운 왕이라고 무턱대고 용서하지 않으신다. 죄의 뿌리는 심판하신다. 하나님은 다윗의 죄로 잉태한 아이를 죽이셨다. 다윗은 이 회개의 과정을 통해 하나님이 어떤 분이신지를 깨달았다. 자신에게 무엇이 중요한 것인지를 깨달았다. 그는 이 죄를 두고 침상을 적시는 회개를 했는데 그 기록이 시편 51편이다. 그는 자신의 영혼에 하나님의 영이 계시지 않으면 아무것도 아니라는 것을 깨닫고 울부짖으며 간구한다.

> "하나님이여 내 속에 정한 마음을 창조하시고 내 안에 정직한 영을 새롭게 하소서 나를 주 앞에서 쫓아내지 마시며 주의 성령을 내게서 거두지 마소서"(시 51:10-11).

다윗은 자신의 마음이 정결해야 한다는 것과 자신의 영이 새롭게 되어야 한다는 것을 깨달았다. 그리고 성령님이 떠나시면 자신은 아무것도 아니라는 사실을 깨달았다. 죄의 대가는 참혹했다. 그럼에도 그것은 하나님 앞에 더 가까이 나아갈 수 있는 기회가 되었다. 하나님은 다윗의 회개를 받아주셨지만 자신이 선택하여 세운 왕이라 할지라도 죄는 하나님 앞에서 용납될 수 없음을 "우리아의 아내"라는 족보 기록을 통해 우리에게 말씀하고 계신다. 하나님은 "우리아의 아내"라는 표현을 통해 다윗이 1000년 전 저지른 불의를 주목하게 하시고 우리를 권고하신다.

다윗은 회개하여 용서받았지만 악이 그와 그의 가정을 떠나지 않았다

나단 선지자가 다윗을 찾아와 준엄하게 책망하며 하나님의 심판을 선포했다.

> "그러한데 어찌하여 네가 여호와의 말씀을 업신여기고 나 보기에 악을 행하였느냐 네가 칼로 헷 사람 우리아를 치되 암몬 자손의 칼로 죽이고 그의 아내를 빼앗아 네 아내로 삼았도다 이제 네가 나를 업신여기고 헷 사람 우리아의 아내를 빼앗아 네 아내로 삼았은즉 칼이 네 집에서 영원토록 떠나지 아니하리라 하셨고 여호와께서 또 이와 같이 이르시기를 보라 내가 너와 네 집에 재앙을 일으키고 내가 네 눈앞에서 네 아내를 빼앗아 네 이웃들에게 주리니 그 사람들이 네 아내들과 더불어 백주에 동침하리라 너는 은밀히 행하였으나 나는 온 이스라엘 앞에서 백주에 이 일을 행하리라 하셨나이다 하니"(삼하 12:7-12).

다윗은 나단 선지자의 지적을 받고 하나님께 회개했다. 그 기록이 시편 51편이다. 다윗이 회개했으니 하나님이 선언하셨던 심판도 당연히 거두어져야 하는 것 아닌가? 그렇지 않다. 다윗의 아들 암논이 다말을 강간했다. 그러자 압살롬이 암논을 살해한 후 아버지를 대적하여 반란을 일으켜 왕의 자리에 올랐다. 그리고 아버지의 첩을 취해 대낮에 동침했다.

예수님을 믿으면 선언적으로 죄가 사해진다

예수님이 십자가에 죽으시고 다시 사셔서 죄의 짐을 대신 지신 것은 분명히 맞다. 예수님은 우리를 대속하시려 이 땅에 오셨기 때문이다.

"인자가 온 것은 섬김을 받으려 함이 아니라 도리어 섬기려 하고 자기 목숨을 많은 사람의 대속물로 주려 함이니라"(막 10:45).

내가 예수님을 진심으로 영접하고 믿으면 그 전에 지은 모든 죄가 정말 사함을 받는가? 마귀의 다스림에서 자유로워지는가? 성령님이 나의 생각과 마음 그리고 삶을 직접 통치하시는가? 예수님은 십자가에서 죽으시고 부활하셔서 마귀의 권세를 깨뜨리고 이기셨다. 그렇다고 지금 마귀가 전혀 활동하지 않는 것인가? 그렇지 않은 것을 우리는 너무 잘 알고 있다. 마귀는 예수님이 재림하실 때까지 합법적으로 활동할 수 있는 보장을 받았다. 예수님의 십자가 죽으심과 부활을 믿으면 이전에 지었던 모든 죄를 정말 다 용서받는가? 아니면 용서받는 삶이 시작되는가?

생각해 보기

1. 이번만큼은 마음을 단단히 먹자! 지금 하나님이 보시는 나의 불의는?

2. 그것이 계속되면 어떤 결과로 이어질 것이라 예측되는가?

3. 먼저 입술로 회개하라! 그리고 불의에서 돌아서라! 계획을 세워보라!

15장
하나님은 우상숭배한 3대를 빼셨다

8하 요람은 웃시야를 낳고.

'Ιωράμ δὲ ἐγέννησεν τὸν' Οζίαν,

하나님은 세 왕의 이름을 족보에서 빼셨다

두 번째 14대는 누가복음과 비교해보면 6명의 이름이 빠져 있다. 열왕기서를 기준으로 하면 7명의 이름이 빠져 있다.[1] 하나님은 요람(여호람)과 웃시아(아사랴) 사이에 세 명, 요시야와 여고냐를 선후로 세 명을 빼셨다.

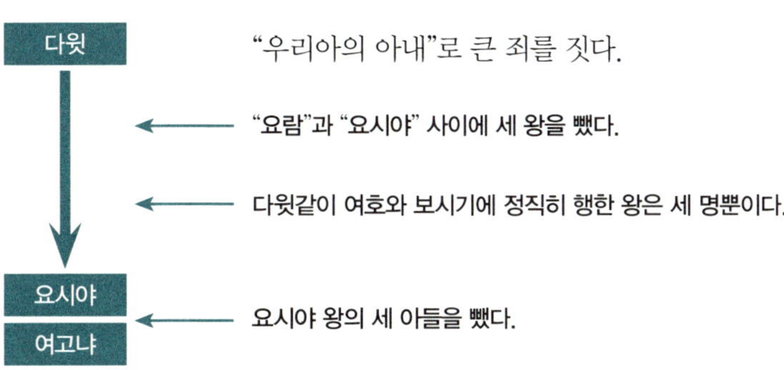

주일학교에서 남유다 왕들의 이름을 외우지 않은 사람은 요람과 웃시야 사이에 왕이 빠졌는지 아닌지를 모를 것이다. 다음의 도표를 다시 보자.

왕들의 열전과 역대기	마태복음의 족보
솔로몬	솔로몬
르호보암	르호보암
아비야	아비야
아사	아사
여호사밧	여호사밧
요람(여호람)	요람(여호람)
아하시야	
(아달랴)	
요아스	
아마샤	
웃시야(아사랴)	웃시야(아사랴)
요담	요담
아하스	아하스
므낫세	므낫세
아몬	아몬
요시야	요시야

하나님은 아하시야 왕, 요아스 왕, 아마샤 왕 세 사람을 마태복음 족보에서 빼셨다.[2] 그들의 이름을 빼신 의도는 무엇일까?

신명기 17장에서 하나님이 제시하신 왕의 기준을 따라 하나님이 선택하

■

1 열왕기서는 여호람의 아내였던 "아달랴"가 6년간 통치한 것을 기록하고 있다. 그녀를 유다의 왕으로 계수하면 일곱 명이 된다. 그러나 누가복음은 그녀의 이름을 전혀 언급하지 않는다. 나는 "아달랴"가 다윗의 후손이 아니므로 왕으로 계수하지 않았다.

2 일반적으로 "아달랴"를 여왕으로 인정하여 4대를 뺐다고 볼 수 있다. 그러나 나는 개인적으로 아달랴를 왕으로 인정하지 않기에 그녀의 이름을 계수하지 않았다.

여 세우신 왕은 율법을 등사하여 자기 곁에 두고 읽어 여호와 경외하기를 배워야 했다. 그래서 하나님을 아는 왕, 하나님의 마음을 아는 왕이 되어 하나님의 뜻대로 살면서 백성을 다스려야 했다. 하나님은 그것을 확인할 수 있는 기준을 세우셨다. 다윗 왕 이후 세워지는 모든 왕의 판단 기준은 '다윗의 길로 행했는가? 그렇지 않은가?'이다. 다윗의 길로 행했다는 평가를 받으면 하나님이 세우기 원하셨던 왕이고, 다윗의 행한 길을 벗어나 다른 길로 행하면 하나님이 원하셨던 왕이 아니다.

왕들을 평가하는 다섯 가지 기준

하나님은 왕이 즉위한 직후 그가 여호와 앞에 살았는지를 평가하셨다. 열왕기서는 다섯 가지 기준으로 왕을 평가했다.

첫 번째 방법은 "그의 마음이 그의 조상 다윗과 같지 아니하였다"(왕상 15:3).

두 번째 방법은 "그의 조상 다윗 같이 여호와 보시기에 정직하게 행하였다"(왕상 15:11). 이 평가를 받은 왕은 오직 세 사람뿐이다.

세 번째 방법은 "…같이 여호와 보시기에 악을 행하였다"(왕하 8:27).

네 번째 방법은 "여호와 보시기에 정직히 행하였으나 그의 조상 다윗과는 같지 않았다"(왕하 14:3).

다섯 번째 방법은 "여호와께서 보시기에 정직히 행하지 않았다"(왕하 16:2).

하나님이 분열 왕국 유다의 열아홉 왕 가운데 "조상 다윗과 같이 여호와 보시기에 정직히 행했다고 평가한 왕"은 오직 세 사람뿐이다. 2대 아사 왕, 12대 히스기야 왕, 15대 요시야 왕이다. 그러므로 이들이 족보에 기록되는 것은 당연하다. 하나님은 "여호와 보시기에 악을 행하였다"라고 평가를 받은 므낫세 왕, 아몬 왕까지 족보에 기록하셨다. 악을 행한 자들조차도 족보에 기록하신 것이다. 그런데 하나님은 요람 왕에서 웃시야 왕 사이의 3대(아하시야, 요아스, 아마샤)를 송두리째 빼셨다. 그 이유는 무엇일까?

우상숭배에 대한 책임을 물어 세 왕을 빼셨다

요람 왕과 웃시야 왕 사이에 세 왕의 이름이 빠져 있다. 하나님은 왜 그 세 왕인 아하시야, 요아스, 아마샤를 빼셨는가? 하나님은 어떤 기준에서 그들을 빼셨는가? 아하시야와 요아스는 요람(여호람)의 아들이다. 부왕이었던 여호사밧은 아들 요람을 위해 신부를 데려왔는데 그녀가 바로 아달랴다. 그녀는 북이스라엘 아합 왕과 이세벨 왕비 사이에서 태어났다. 하나님은 여호람 왕의 아들 아히사야 왕을 이렇게 평가하셨다.

> "아하시야가 왕이 될 때에 나이가 이십이 세라 예루살렘에서 일 년을 통치하니라 그의 어머니의 이름은 아달랴라 이스라엘 왕 오므리의 손녀이더라 아하시야가 아합의 집 길로 행하여 아합 집과 같이 여호와 보시기에 악을 행하였으니"(왕하 8:26-27).

하나님은 아하시야 왕을 포함한 3대를 족보에서 빼셨다. 심지어 "제사장 여호야다가 그를 교훈하는 모든 날 동안에는 여호와 보시기에 정직히 행하였으되"(왕하 12:2)라고 평가를 받은 요아스 왕도 빼셨다. "여호와 보시기에 정직히는 행하였으나 그의 조상 다윗과는 같지 않았다"고 평가받은 아마샤 왕도 빼셨다. 개개인에 대한 평가로 보면 요아스 왕은 반드시 족보에 기록되어야 할 존재다. 그러나 마태복음의 저자는 그와 그의 아들을 뺐다. 하나님은 왜 그들을 빼셨는가?

> "너는 나 외에는 다른 신들을 네게 두지 말라 너를 위하여 새긴 우상을 만들지 말고 또 위로 하늘에 있는 것이나 아래로 땅에 있는 것이나 땅 아래 물 속에 있는 것의 어떤 형상도 만들지 말며 그것들에게 절하지 말며 그것들을 섬기지 말라 나 네 하나님 여호와는 질투하는 하나님인즉 나를 미워하는 자의 죄를 갚되 아버지로부터 아들에게로 삼사 대까지 이르게 하거니와 나를 사랑하고 내 계명을 지키는 자에게는 천 대까지 은혜를 베푸느니라"(출 20:3-6).

하나님은 자신이 제시하신 기준대로 판단하시고 그 말씀대로 심판하신다. 여호람이 아달랴와 결혼한 사건은 하나님이 계획하신 국가의 모습에서 쇠퇴하는 결정적인 역할을 했다. 하나님은 우상숭배를 가장 싫어하신다. 여호람 왕과 아달랴 왕비 그리고 아들들은 우상숭배에 결정적인 역할을 했다(왕하 8:27). 하나님 앞에서 죄가 쌓이면 남는 것은 하나님의 심판뿐이다. 하나님은 아무리 다윗의 후손이라도 우상을 숭배하는 자에게는 십계명에서 말씀하신 대로 아버지로부터 아들에 이르기까지 자손 3, 4대에 걸쳐 저주를 내리신다. 하나님은 세 명을 빼신 족보를 통해 그 저주를 보여주신다.

오늘날 그리스도인이라고 자청하는 사람들 가운데 우상숭배자가 많다. 아직도 손금과 관상을 보고, 점을 치는 사람들이 있다. 조상 제사를 지내는 사람들이 수두룩하다. 절기 때마다 교회에 걸리는 이상한 플래카드를 볼 수 있다. 성탄절에는 절 앞에 "예수님 탄생을 축하합니다"라는 플래카드가, 석가탄신일에는 교회 앞에 "석가탄신일을 축하합니다"라는 플래카드가 붙는다. 도대체 어떻게 이런 일이 가능한가? 하나님은 우상숭배하는 교회와 그것을 따르는 자칭 성도라 부르는 자들을 심판하시고 생명책에서 그들의 이름을 모조리 빼실 것이다. 우상숭배 죄는 탄식해야 할 죄다. 모

른 척 눈감고 지나갈 죄가 아니다.[3]

생각해 보기

1. 우상숭배 죄에는 두 종류가 있다.

    1.1. 실제 다른 신을 섬기는 우상숭배

    1.2. 하나님보다 다른 무엇인가를 더 좋아하고 사랑하는 우상숭배

2. 지금 나는 무엇을 우상숭배하고 있는가?

3. 회개하라! 그리고 돌이키기 위한 방법을 찾아라!

■

3 정동진, 『깊은 우상숭배 회개문』(유하)을 꼭 읽어보기 권한다.

16장
불의가 계속되는 것은 멸망을 예고하는 것이다

7하 르호보암은 아비야를 낳고 아비야는 아사를 낳고.

8 아사는 여호사밧을 낳고 여호사밧은 요람을 낳고 요람은 웃시야를 낳고.

9 웃시야는 요담을 낳고 요담은 아하스를 낳고 아하스는 히스기야를 낳고.

10 히스기야는 므낫세를 낳고 므낫세는 아몬을 낳고 아몬은 요시야를 낳고.

11 바벨론으로 사로잡혀 갈 때에 요시야는 여고냐와 그의 형제들을 낳으니라.

세 왕을 제외한 모든 왕이 불의를 행했다

우리는 앞 장에서 왕이 즉위한 직후 하나님이 그들의 삶을 요약해 평가하신 다섯 가지 기준을 살펴보았다. 그 가운데 두 번째 기준이 "그의 조상 다윗 같이 여호와 보시기에 정직하게 행하였다"(왕상 15:11)다. 분열왕국 이후 남유다의 19대에 걸친 왕 가운데 이 길을 걸어간 사람은 아사와 히스기야 그리고 요시야 세 명뿐이다. 나머지 16명의 왕은 이 평가에 못 미치거나 악한 왕이라는 평가를 받았다. 그렇다면 하나님이 꿈꾸시는 나라는 어떻게 되는 것일까?

세 왕을 제외한 나머지 왕들은 하나님이 세우시는 왕의 기준에 온전히 부합하지 못했다. 하나님이 세우신 왕의 기준을 살펴보자.

> "네가 네 하나님 여호와께서 네게 주시는 땅에 이르러 그 땅을 차지하고 거주할 때에 만일 우리도 우리 주위의 모든 민족들 같이 우리 위에 왕을 세워야겠다는 생각이 나거든 반드시 네 하나님 여호와께서 택하신 자를 네 위에 왕으로 세울 것이며 네 위에 왕을 세우려면 네 형제 중에서 한 사람을 할 것이요 네 형제 아닌 타국인을 네 위에 세우지 말 것이며 그는 병마를 많이 두지 말 것이요 병마를 많이 얻으려고 그 백성을 애굽으로 돌아가게 하지 말 것이니 이는 여호와께서 너희에게 이르시기를 너희가 이 후에는 그 길로 다시 돌아가지 말 것이라 하셨음이며 그에게 아내를 많이 두어 그의 마음이 미혹되게 하지 말 것이며 자기를 위하여 은금을 많이 쌓지 말 것이니라 그가 왕위에 오르거든 이 율법서의 등사본을 레위 사람 제사장 앞에서 책에 기록하여 평생에 자기 옆에 두고 읽어 그의 하나님 여호와 경외하기를 배우며 이 율법의 모든 말과 이 규례를 지켜 행할 것이라 그리하면 그의 마음이 그의 형제 위에 교만하지 아니하고 이 명령에서 떠나 좌로나 우로나 치우치지 아니하리니 이스라엘 중에서 그와 그의 자손이 왕위에 있는 날이 장구하리라"(신 17:14-20).

대부분 왕들은 율법을 자기 옆에 두고 읽지 않았다. 하나님 경외하기를 배우지 않았다. 율법의 규례를 지켜 행하지 않았다. 그 결과 교만해졌고, 좌로 우로 치우쳐 살았다. 열왕기서에 기록된 왕들을 분석하면 거의 대부분이 이 기준에 어긋난다. 하나님은 선지자들을 통해 왕과 백성에게 회개하고 돌이킬 기회를 헤아릴 수 없이 주셨다. 그러나 그들은 돌이키지 않았다. 우상숭배를 버리지 않았고 그에 따른 자신들의 삶을 돌이키지 않았다. 계속되는 하나님의 경고를 무시한 왕들과 백성에게 내려질 하나님의 최후 심판은 무엇일까?

불의가 계속되는 나라는 망한다

하나님은 공의로우셔서 왕들이 마냥 죄를 짓도록 내버려두시지 않는다. 하나님은 마태복음 기자를 통해 세 왕을 한꺼번에 빼셨다. 왕과 백성의 불의에 대한 하나님의 경고였다. 경고를 받고도 회개하고 돌이키지 않으면 최후의 심판이 있을 뿐이다.

> "여호와께서 이같이 말씀하시기를 내가 이곳과 그 주민에게 재앙을 내리되 곧 유다 왕 앞에서 읽은 책에 기록된 모든 저주대로 하리니 이는 이 백성들이 나를 버리고 다른 신들에게 분향하며 그의 손의 모든 행위로 나의 노여움을 샀음이라 그러므로 나의 노여움을 이 곳에 쏟으매 꺼지지 아니하리라 하라 하셨느니라"(대하 34:24-25).

하나님은 율법에 기록하신 대로 유다를 저주하신다고 선포하셨다. 하나님을 버리고 다른 신을 섬긴 결과다. 두 번째 14대의 기초는 다윗의 불의에서 시작되었다. 왕으로 세워진 그의 후손들은 계속 불의를 행했다. 하나님이 용서하시고 돌이키도록 기다려주시는 때가 지났다. 그들에게 남은 것은 하나님의 심판을 받고 멸망하는 것뿐이다.

오늘날 자칭 성도라고 하는 사람들도 자신들의 입으로 은혜를 말하지만 끊임없이 죄의 저주 아래에서 산다. 예수님을 믿는 믿음이 모든 것을 해결해주었다고 생각하면서 자유하며 죄에 속하여 사는 것이다. 이들의 종말은 어떻게 될까? 나의 종말은 어떻게 될까? 이때 반드시 기억해야 할 것은 하나님의 사랑은 죄의 노예가 되어 저주받은 삶을 사는 영혼들을 위해 예수님을 메시아로 보내시는 것이다. 메시아이신 예수님의 생명과 죄인의 죄를 맞바꾸신 것이다. 예수님이 자신의 생명과 나의 죄를 맞바꾸어주셨는데도 여전히 죄의 지배를 받고 산다면 어떻게 하나님의 사랑을 말할 수 있겠는가? 그것은 하나님의 사랑을 남용하는 것이다. 그것은 하나님의 사랑이 아니다. 하나님의 사랑은 죄의 저주 아래 있는 나를 위해 메시아 예수님을 보내주셔서 고난을 당하시고 십자가에서 버리신 것이다. 하나님의 사랑은 예수님을 그리스도로 믿음에도 여전히 죄의 저주를 자초하며 사는 나에게 해당하는 것이 아니다. 계속해서 죄악된 삶을 산다면 하나님의 심판을 불러올 따름이다.

생각해 보기

1. 나의 말과 삶이 가정에 어떤 영향을 미치는가?

2. 나의 말과 삶이 직장에 어떤 영향을 미치는가?

3. 나의 말과 삶이 교회에 어떤 영향을 미치는가?

17장
하나님은 선택하지 않은 세 왕을 또 빼셨다

10 히스기야는 므낫세를 낳고 므낫세는 아몬을 낳고 아몬은 요시야를 낳고,
11 바벨론으로 사로잡혀 갈 때에 요시야는 여고냐와 그의 형제들을 낳으니라.

마태복음의 족보는 대략 2000년 동안 일어났던 사건을 담고 있다. 족보의 대다수는 "아버지가 아들을 낳았다"는 표현으로 요약되었다. 어떤 경우에는 "아버지가 아들을 낳았다"고 표현했지만 하나님은 과감하게 3대를 빼고 족보를 기록하셨다. 마태복음은 요시야 왕이 낳은 세 아들을 빼고 요

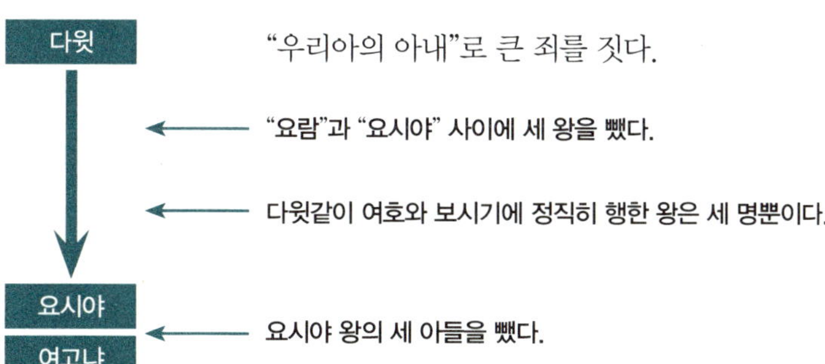

시야 왕이 손자를 낳았다고 기록했다.

3대 혹은 4대를 연속으로 빼시지는 않았지만 세 왕을 빼셨다

하나님은 두 번째 14대 마지막 부분과 세 번째 14대를 시작하면서 또 한 부류의 왕들을 빼셨다. 3대 혹은 4대를 연속으로 빼시지 않았지만 건너뛰면서 세 왕을 빼셨다. 유다의 마지막 다섯 왕(요시야–시드기야)의 가계를 먼저 살펴보자.

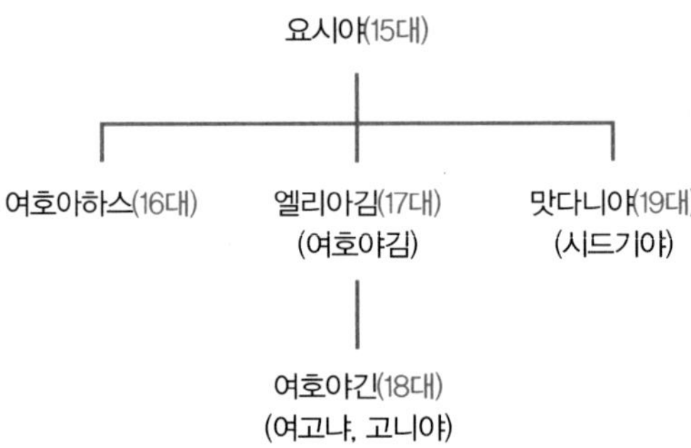

마태복음 기자는 요시야 왕 다음에 손자인 여호야긴 왕(여고냐, 고니야)만 기록하고 그의 세 아들(여호아하스 왕, 엘리아김 왕, 시드기야 왕)은 뺐다. 열왕기에 기록된 왕들과 마태복음의 족보를 비교한 다음 도표를 보라.

열왕기서	마태복음
요시야	요시야
여호아하스 (이집트 왕 바로 느고가 폐위시킴) 여호야김 (이집트 왕 바로 느고가 세움) (바벨론의 느부갓네살이 사로잡아감)	2명을 빼다

여호야긴 (바벨론의 느부갓네살이 사로잡아감)	여호야긴(여고냐)
시드기야 (바벨론의 느부갓네살이 세움)	1명을 빼다
BC 586년 유다 멸망 (더 이상 왕이 없음)	스알디엘
	스룹비벨
	…
	예수

하나님이 약 600년 전에 일어난 사건을 아무런 생각이나 기준 없이 빼셨을 리가 없다. 하나님은 결코 그런 분이 아니시다. 하나님이 마태복음 기자에게 영감을 주셨다면 반드시 그들을 빼신 이유가 있다. 하나님은 세 왕을 왜 족보에서 빼셨을까?

백성이 여호아하스를 왕으로 세웠다

요시야 왕 이후 남유다는 정상적으로 왕위를 계승할 수 없었다. 하나님이 율법에 기록하신 대로 재앙을 내리시고 저주하시는 과정에서 이집트와 신바벨로니아의 공격을 받았다. 하나님은 600년 전에 있었던 이 과정을 눈동자같이 지켜보셨고, 하나님은 자신이 세우신 기준에 근거해 세 왕을 빼셨다.

> "반드시 네 하나님 여호와께서 택하신 자를 네 위에 왕으로 세울 것이며"(신 17:15).

요시야 왕이 죽자 그의 아들 여호아하스가 왕위를 계승했다. 그렇다면 그가 하나님이 세우신 왕인가? 성경은 하나님이 그를 왕으로 세우셨다고 기록하지 않는다. 백성이 그를 데려다가 기름을 붓고 요시야를 대신하여 왕으로 세웠다고 말한다.

> "신복들이 그의 시체(요시야 왕)를 병거에 싣고 므깃도에서 예루살렘으로 돌아와 그의 무덤에 장사하니 백성들이 요시야의 아들 여호아하스를 데려다가 그에게 기름을 붓고 그의 아버지를 대신하여 왕으로 삼았더라"(왕하 23:30).

여호아하스는 요시야의 아들이지만 하나님이 그를 왕으로 세우신 것이 아니라 사람이 세웠다. 즉, 여호아하스는 사울 왕처럼 하나님이 아닌 사람이 선택한 왕이었다. 유다의 왕은 반드시 하나님이 선택하신 자를 세워야 했다. 사람이 선택한 자를 왕으로 세워서는 안 된다. 하나님은 마태복음 기자가 족보를 기록할 때 자신이 선택하시지 않은 왕들을 빼신 것이다.

바로 왕 느고가 여호야김 왕을 세웠다

이집트 왕 바로 느고가 여호아하스를 하맛 땅 립나로 유배시키고 대신 요시야 왕의 다른 아들인 엘리아김을 왕으로 세운 후 그의 이름을 여호야김으로 개명했다.

> "바로 느고가 그를 하맛 땅 립나에 가두어 예루살렘에서 왕이 되지 못하게 하고 또 그 나라로 은 백 달란트와 금 한 달란트를 벌금으로 내게 하고 바로 느고가 요시야의 아들 엘리아김을 그의 아버지 요시야를 대신하여 왕으로 삼고 그의 이름을 고쳐 여호야김이라 하고 여호아하스는 애굽으로 잡아갔더

니 그가 거기서 죽으니라"(왕하 23:33-34).

하나님이 제시하신 왕의 기준에 의하면 엘리아김이 왕위를 즉위해서는 안 되었다. 여호아하스 왕의 아들 가운데 하나님이 택하신 자가 왕위를 계승해야 했다. 그런데 하나님 대신 이집트 왕 바로 느고가 엘리아김을 왕으로 세우고 그의 이름을 여호야김으로 개명하였다. 하나님은 자신이 세우시지 않은 왕을 족보에서 빼셨다.

신바벨로니아 느부갓네살 왕이 시드기야 왕을 세웠다

여호야김 왕의 뒤를 이어 그의 아들인 여호야긴(여고냐, 고니야)이 왕위를 계승했다(왕하 24:8). 신바벨로니아의 느부갓네살 왕이 예루살렘을 침공하자 그는 신하들을 데리고 나가 백기를 들고 항복한다(왕하 24:12). 느부갓네살 왕은 그를 포로로 잡아 신바벨로니아로 데려가고 대신 그의 숙부인 요시야 왕의 아들 맛다니야를 왕으로 세운 후 그 이름을 시드기야로 개명했다.

> "바벨론 왕이 또 여호야긴의 숙부 맛다니야를 대신하여 왕으로 삼고 그의 이름을 고쳐 시드기야라 하였더라"(왕하 24:17).

이번에는 바벨론 왕 느부갓네살이 하나님을 대신해 왕을 세웠다. 하나님은 자신이 세우지 않은 시드기야 왕을 족보에서 빼셨다.

요시야 왕과 여호야긴 왕을 전후로 족보에서 3대가 빠졌다. 여호아하스는 백성들이 세웠고, 여호야김은 이집트의 바로 느고가 세웠으며, 시드기야는 신바벨로니아의 느부갓네살이 세웠다. 하나님은 마태복음 족보를 통해 자기 백성들이 오해할 수 있는 여지를 없애셨다.

“여호아하스는 내가 세운 왕이 아니다. 백성이 사울처럼 임의로 세웠다.”

“여호야김도 내가 세운 왕이 아니다. 이집트 왕 바로 느고가 세웠다.”

“시드기야도 내가 세운 왕이 아니다. 신바벨로니아의 느부갓네살이 세웠다.”

하나님이 세우신 왕이 즉위할 때는 다음과 같이 표현된다.

> “여호야김이 그의 조상들과 함께 자매 그의 아들 여호야긴이 대신하여 왕이 되니라”(왕하 24:6).

하나님이 유다를 주관하고 계심을 보여주신다

하나님이 자신이 세우시지 않은 세 왕을 빼신 것은 유다의 주관자가 하나님이심을 보여주시는 것이다. 사람이 유다를 통치하는 것이 아니다. 하나님이 정하신 기준에 의해 사람이 세워져야 하고, 세워진 왕은 하나님이 제시하신 기준에 따라 나라를 이끌어가야 한다. 하나님은 다윗 왕을 세우실 때 그런 나라를 꿈꾸셨다. 그러나 여러 왕이 사사시대처럼 자기 소견에 옳은 대로 행했다. 그 결과는 나라의 멸망이다. 세 번째 14대는 보이는 나라의 실패를 기초 삼아, 보이지는 않지만 하나님이 직접 통치하시는 영원한 나라를 준비해가시는 것을 보게 될 것이다. 그 나라는 눈에 보이는 전쟁이 아닌 보이지 않는 영적 전쟁에서 승리한 자만이 누릴 수 있다.

하나님이 세우시지 않은 교회 지도자들이 너무 많다

오늘날 교회의 지도자는 누가 세우는가? 사람들이 세운다. 직분자를 선출할 때 당선 기준인 3분의 2를 채우기 위해 가족과 친구들을 동원한다. 돈으로 직분자가 된다. 하나님은 그런 자들을 지도자로 인정하시지 않는다. 하나님의 뜻이 아닌 자기 뜻대로 목사가 된 사람들은 자기 뜻대로 교회를 이끌어간다. 지금의 교회 모습은 하나님이 세우시지 않은 목사, 하나님이 세우시지 않은 직분자들이 빚어내는 부정적 작품이다. 하나님의 다스림 가운데 있던 성령충만한 초대교회는 지금 교회 모습과 전혀 달랐다.[1]

생각해 보기

1. 교회에서 어떤 직분을 가지고 있는가?

2. 하나님이 세우셨으면 하나님 말씀대로 행해야 한다. 나는 하나님이 세우셨는가?

3. 직분을 감당할 때 어떤 변화를 가져야 할까?

1 사도행전 2장 42-47절을 보라. 하나님의 통치 가운데 있는 교회는 대단히 아름답다.

18장
여고냐는 저주받은 왕 '고니야'다

[11] 바벨론으로 사로잡혀 갈 때에 요시야는 여고냐와 그의 형제들을 낳으니라.

Ἰωσίας δὲ ἐγέννησεν τὸν Ἰεχονίαν καὶ τοὺς ἀδελφοὺς αὐτοῦ

ἐπὶ τῆς μετοικεσίας Βαβυλῶνος.

여고냐는 누구인가?

유다가 낳은 두 아들을 언급한 경우와 같이 여기에서도 전통적인 족보 기록 방법이 깨지고 "요시야는 여고냐와 그 형제들을 낳았다"고 기록하고 있다. 여고냐는 누구인가? 예레미야 선지자는 그를 "유다 왕 여호야김의 아들 고니야"(렘 22:24)라고 칭했다. 왕들의 열전에서는 "여호야긴"이라 불렀다(왕하 24:8). 제사장 문서라고 하는 역대기서는 그를 "여호야김의 아들들은 그의 아들 여고냐"라고 불렀다(대상 3:16). 마태복음 기자는 이를 '이에코니아스'(Ἰεχονίας)로, 한글개역개정은 '여고냐'로 음역했다. 그러므로 여고냐와 여호야긴과 고니야는 동일인물이다. 요시야 왕의 자녀들을 다음과 같이 도표로 살펴보자.

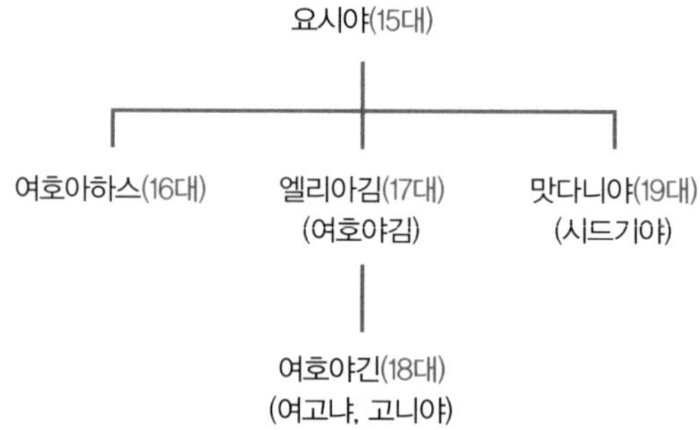

여고냐는 반드시 족보에서 빠져야 한다

요시야는 여고냐(여호야긴 왕)를 낳지 않았다. 요시야 왕이 낳은 엘리아김(여호야김 왕)의 아들이 여고냐(여호야긴 왕, 고니야 왕)다. 하나님은 요시야가 낳은 세 아들을 족보에서 빼셨다. 그리고 손자를 아들로 입적시키셨다. 이는 유다가 며느리 다말에게서 베레스와 세라를 낳았다고 했을 때 실제로 그들은 유다의 손자이지만 아들로 입적되었던 것과 같은 상황이다. 요시야는 여고냐를 낳지 않았다. 여고냐는 요시야 왕의 손자이지만 아들로 입적되었다.

성경을 두루두루 알지 못하면 그냥 지나칠 수 있다. 성경을 좀더 자세히 알면 여고냐가 성경에 기록되어서는 안 되는 인물임을 알 수 있다. 만일 여고냐가 족보에 기록된다면 앞에서 살펴본 족보에서 빠진 왕들도 기록되어야 한다. 그는 예레미야 선지자에게서 엄청난 저주를 받은 왕이다. 그런 왕이 족보에 이름이 올라도 되는가?

> "여호와의 말씀이니라 나의 삶으로 맹세하노니 유다 왕 여호야김의 아들 고니야가 나의 오른손의 인장반지라 할지라도 내가 빼어 네 생명을 찾는 자의

손과 네가 두려워하는 자의 손 곧 바벨론의 왕 느부갓네살의 손과 갈대아인의 손에 줄 것이라 내가 너와 너를 낳은 어머니를 너희가 나지 아니한 다른 지방으로 쫓아내리니 너희가 거기에서 죽으리라 그들이 그들의 마음에 돌아오기를 사모하는 땅에 돌아오지 못하리라 이 사람 고니야는 천하고 깨진 그릇이냐 좋아하지 아니하는 그릇이냐 어찌하여 그와 그의 자손이 쫓겨나서 알지 못하는 땅에 들어갔는고 땅이여, 땅이여, 땅이여, 여호와의 말을 들을지니라 여호와께서 이와 같이 말씀하시니라 너희는 이 사람이 자식이 없겠고 그의 평생 동안 형통하지 못할 자라 기록하라 이는 그의 자손 중 형통하여 다윗의 왕위에 앉아 유다를 다스릴 사람이 다시는 없을 것임이라 하시니라"(렘 22:24-30).

저주받은 여고냐가 족보에 포함된 이유

이렇게 저주받은 사람이 어떻게 마태복음의 족보에 기록되었을까? 하나님은 그의 행위가 악하다고 하셨다(왕하 24:9). 그런 삶을 산 자가 족보에 기록된 이유는 무엇일까? 하나님이 아브라함에게 약속하신 언약의 나라가 다윗 대에 성취되었다. 그 언약의 나라는 다윗의 불의와 이후 하나님을 떠난 왕들과 백성들로 인해 멸망의 길을 걷게 되었다. 그 언약의 나라가 없어지게 된 것을 저주받은 여고냐의 삶과 직결시키신 것은 아닐까?

여고냐는 포로로 잡혀간 후 여덟 명의 아들을 낳았다. 이것이 의미하는 바는 무엇일까? 그는 예레미야 선지자에게 저주를 받았다. 여고냐가 받은 저주는 유다가 받은 저주를 의미한다. 왜냐하면 히브리 문학의 특징 중 하나는 한 개인에 대해 말하면서 동시에 공동체를 향해 말하고 있기 때문이다. 즉, 여고냐 개인을 향한 저주는 곧 유다 나라를 향한 저주이기도 하다. 그렇다면 왜 자녀를 낳지 못하리라는 저주를 받은 여고냐가 포로로 잡혀간 후 일곱 명의 아들을 낳은 것일까(대상 3:17-18)? 하나님이 예레미야 선지자를 통해 선포하신 예언이 잘못된 것인가? 아니면 여기에 특별한 메시지가 숨어 있는 것일까?

여고냐는 회복의 기회를 얻었다

여호야긴 왕은 여덟 살에 왕으로 즉위했다가 삼 개월 열흘 만에 바벨론에 포로로 잡혀갔다(대하 36:9). 아버지 여호야김 왕은 즉위 후 삼 년 동안 바벨론에 충성하다가 배반했다. 바벨론의 느부갓네살 왕은 그를 포로로 잡아갔다. 이 행위는 할아버지 므낫세 왕의 죄와 그 자신이 무죄한 피를 흘린 죄 때문이었다(왕하 24:1-4). 아버지 여호야김 왕이 포로로 잡혀가자 여호야긴이 8세에 왕으로 즉위했다. 그는 어린 나이였음에도 아버지를 따라 여호와 보시기에 악을 행했다(왕하 24:9). 때문에 예레미야 선지자로부터 "자녀를 낳지 못한다"(렘 22:30)는 저주를 받았던 것이다. 그런 그가 어떻게 일곱 명의 아들을 낳았는가?

하나님은 자신의 뜻을 변개할 권한이 있으시다. 지금은 심판의 때이므로 공의가 필요한 시점이다. 그렇다면 여고냐는 하나님 앞에서 회복의 기회를 가졌을까? 하나님이 보시기에 회복의 기회가 되었다면 다음 말씀을 생각해볼 수 있다.

> "그의 신복들이 에워쌀 때에 바벨론의 왕 느부갓네살도 그 성에 이르니 유다의 왕 여호야긴이 그의 어머니와 신복과 지도자들과 내시들과 함께 바벨론 왕에게 나아가매 왕이 잡으니 때는 바벨론의 왕 여덟째 해이라"(왕하 24:11-12).

신바벨로니아가 남유다를 공격하는 것은 하나님이 심판하시는 일환이다. 여호야김 왕이 신바벨로니아를 배반한 것은 하나님을 대적한 것과 같다. 여고냐가 비록 어려서 아버지 여호야김을 따라 하나님 앞에서 악을 행하였지만 그는 신바벨로니아 느부갓네살 왕이 예루살렘에 이르자 자발적으로 항복했다. 여고냐가 느부갓네살에게 항복한 것은 하나님의 심판에 순종한 행위다. 이것이 하나님께 받을 수 있는 회복의 기회가 될 수 있다. 인간적으로 보면 여고냐의 행위는 비겁하기 짝이 없지만 하나님께는 자신의 심판에 항거하지 않고 순종한 의미가 될 수 있기 때문이다.

여고냐의 회복으로 미래가 준비되었다

세 번째 14대는 바벨론 포로에서 돌아오는 과정이 기록되어 있다. 물론 문자로 표현되지는 않았다. 스룹바벨이라는 인물이 등장하는데 그는 여고냐의 손자다. 여고냐가 예레미야 선지자의 저주대로 자녀를 낳지 못했다면 상황은 어떻게 되어야 했을까? 마태복음 족보에서 스룹바벨 이하는 기록될 수 없었고, 그를 통한 귀환과 성전 재건도 없었을 것이다. 하나님은 이집트 왕 바로 느고와 신바벨로니아 왕 느부갓네살 왕이 임명한 왕들은 족보에서 빼셨지만, 예레미야에게서 저주를 받은 여호야긴 왕(여고냐, 고니야)은 족보에 기록하셨다. 그는 혼란 중에도 하나님이 세우신 왕이었다.

> "여호야김이 그의 조상들과 함께 자매 그의 아들 여호야긴이 대신하여 왕이 되니라"(왕하 24:6).

여고냐는 악한 일을 하여 예레미야 선지자에게서 풀 수 없는 저주를 받았지만(렘 22:24-30) 신바벨로니아 군이 쳐들어오자 백기를 들고 항복했다.

그가 알고 한 것은 아니겠지만 그 행동은 하나님의 계획에 절대 순종한 것이었다. 그로 인해 예레미야의 저주 가운데 자녀를 낳지 못하리라는 저주가 풀리고 하나님의 미래를 준비하는 데 쓰임받게 되었다. 회복은 미래를 대비하고 새로운 계시를 발전시킨다.

생각해 보기

1. 하나님이 내게 주신 긍정적인 기회들을 생각해보라.

2. 그 기회를 선용한 결과가 어떻게 나타났는가?

3. 다시 한 번 기회가 필요한가? 어디에 어떤 기회가 필요한가?

19장

하나님의 심판으로 유다는 멸망했다

[11] 바벨론으로 사로잡혀 갈 때에.

하나님은 선택도 하시지만 재구성도 하신다

앞에서 우리는 유다가 다말에게서 낳은 두 형제가 동시에 언급된 이유를 살펴보았다. 형인 세라는 어머니 태중에서 세상에 먼저 손을 내밀었다. 그러나 태중 싸움에서 동생 베레스에게 밀려 동생보다 나중에 태어났다. 베레스는 형을 제치고 먼저 세상에 나왔다. 하나님은 유다와 그의 후손을 향한 놀라운 계획을 가지고 계셨다. 누구를 통해 그것을 이루실 것인가는 전적으로 하나님이 결정하시는 바에 달렸다. 하나님은 싸움에서 승리한 베레스를 통해 그 일을 이루기로 작정하셨다. 그래서 두 사람을 족보에 언급하시며 어떤 일이 있었는지, 하나님이 어떤 자를 쓰시는지 우리에게 말씀해주고 계신다.

이제 재구성 문제를 생각해볼 때가 되었다. 하나님이 선택하시고 버리시는 데는 이유가 있다. 그러면 "요람이 웃시야를 낳았다"(마 1:8하)는 표현이 이해가 될 것이다. 그러나 다른 문제가 또 있다. 선택과 버림의 문제가 아닌데 왜 없는 자를 더하고[1] 낳지 않은 자를 낳았다고 하시는가? 그것은 하나님의 계획이 이루어진 사실을 재구성하고 있는 것이다.

여고냐는 요시 왕의 손자다

요시야 왕이 낳은 아들들은 여고냐와 그 형제들이 아니다. 다시 한 번 다음의 도표를 살펴보자.

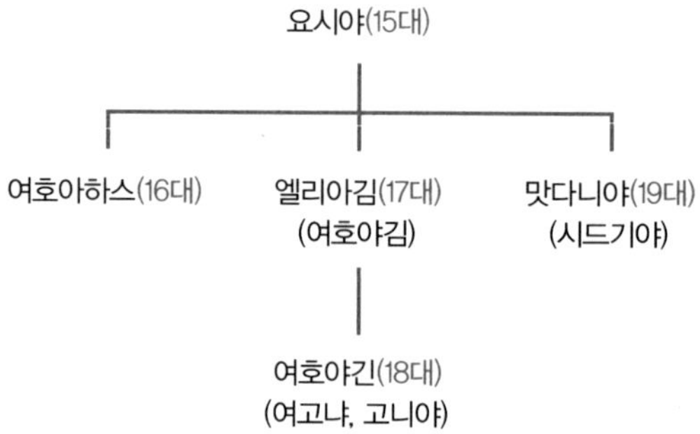

성경 역사는 단순히 역사의 보고가 아니다. 역사적 사실을 나열하고 있는 것이 아니다. 역사적 사실을 신앙적 관점에서 요약하고 생략하고 연대기를 바꾸기도 하고 해석하기도 했다. 성경 역사서는 사건에 의미를 부여하고 인간 저자로 하여금 하나님의 의도와 목적을 파악하여 전달하게 했다. 하나님은 마태복음 저자로 하여금 크게 세 가지 측면에서 성경 역사를

1 마태복음 1장 11절은 "요시야는 여고냐와 그 형제들을 낳았다"고 기록하고 있는데(버림의 문제) 실제로는 "여호야김은 여고냐와 그 형제들을 낳았다"고 기록해야 한다. 문제는 여호야김이 낳은 아들은 "여고냐와 시드기야뿐이다"(대상 3:16). 그런데 왜 "여고냐와 그 형제들을 낳았다"고 기록했는가? 이것은 재구성 문제에 해당한다.

재구성하고 재해석하게 하셨다. 그것은 하나님의 의도와 목적 때문이다.

첫째, 자녀에 대한 선택적 재구성이다

요시야 왕의 아들들은 "여고냐와 그 형제들"이 아니다. 위 도표에서 보는 것처럼 요시야 왕의 아들들은 "여호아하스, 엘리아김(여호야김 왕), 맛다니야(시드기야 왕)"다. 마태복음 저자는 요시야 왕의 아들들은 다 버리고 손자인 여고냐와 그 형제들을 아들로 재구성했다. 우리 사회에서는 불가능한 일이지만 유대 사회에서는 흔히 있는 일이었다. 미디안 광야로 도망간 모세의 이야기를 보자.

> "미디안 제사장에게 일곱 딸이 있었더니 그들이 와서 물을 길어 구유에 채우고 그들의 아버지의 양 떼에게 먹이려 하는데 목자들이 와서 그들을 쫓는지라 모세가 일어나 그들을 도와 그 양 떼에게 먹이니라 그들이 그들의 아버지 르우엘에게 이를 때에 아버지가 이르되 너희가 오늘은 어찌하여 이같이 속히 돌아오느냐 그들이 이르되 한 애굽 사람이 우리를 목자들의 손에서 건져내고 우리를 위하여 물을 길어 양 떼에게 먹였나이다 아버지가 딸들에게 이르되 그 사람이 어디에 있느냐 너희가 어찌하여 그 사람을 버려두고 왔느냐 그를 청하여 음식을 대접하라 하였더라 모세가 그와 동거하기를 기뻐하매 그가 그의 딸 십보라를 모세에게 주었더니 그가 아들을 낳으매 모세가 그의 이름을 게르솜이라 하여 이르되 내가 타국에서 나그네가 되었음이라 하였더라"(출 2:16-22).

> "모세가 그의 장인 미디안 제사장 이드로의 양 떼를 치더니 그 떼를 광야 서쪽으로 인도하여 하나님의 산 호렙에 이르매"(출 3:1).

십보라를 도와준 모세가 그녀의 집에 갔을 때 모세를 맞이한 사람은 아버지 르우엘이었다(2:18). 계속 아버지로 호칭되는 그는 모세를 자신의 사위로 삼았다(2:21). 그런데 갑자기 모세의 장인 이름이 "이드로"(3:1)로 불린다. 성경이 엉터리여서가 아니라 이는 히브리인들의 관행이었다. 그들은 할아버지를 아버지로, 손자를 아들로 호칭한다.

둘째, 탄생의 시기적 재구성과 해석이다

열왕기서의 기록을 따를 때 여고냐는 남유다 백성들 일부가 1차 포로로 잡혀간 직후에 태어났다.[2] 그가 왕위에 즉위했을 때가 8세였다(왕하 24:8). 3개월을 통치하다가 포로로 잡혀갔다. 마태복음 기자가 강조하려는 내용은 1장 11절에 나오는 '포로로 잡혀갈 때에 낳은 아들들'과 12절에 나오는 '포로로 잡혀간 후에 낳은 아들들'의 구분이다. 마태복음 기자는 그를 포로로 잡혀갈 때 태어난 인물로 강조한다. 여고냐는 포로로 잡혀갈 때 태어난 것이 아니다. 백성들이 1차 포로로 잡혀간 후에 태어났다. 마태복음 기자는 포로로 잡혀갈 때 태어난 인물로 재구성한 것이다. 하나님은 이러한 서술을 통해 특별한 메시지를 전달하고 계신다. 그것은 곧 신바벨로니아의 공격이 계속 되고 있음을 말하시려는 것이다. 또한 그가 포로로 잡혀간 후 많은 자녀를 낳은 것을 강조하고 있다.

셋째, 자녀들에 대한 재구성이다

엘리아김(여호야김 왕)의 아들들에 대한 기록은 여고냐와 시드기야뿐이다

■

2 다니엘을 비롯한 왕족과 귀족들이 대부분 이 때 잡혀갔다. 남유다는 BC 605, 597, 586년 세 차례에 걸쳐 신바벨로니아의 공격을 받았고, 세 차례에 걸쳐 포로로 잡혀갔다.

(대상 3:16). 그러나 마태복음 기자는 "여고냐와 그 형제 시드기야"라고 기록하지 않고 "여고냐와 그 형제들"이라고 기록했다. 아마도 여고냐가 포로로 잡혀가 낳게 될 많은 아들을 염두에 두고 재해석한 것으로 보인다. 하나님이 역사를 재구성하고 재해석하도록 마태복음 기자에게 감동을 주셨다면 거기에는 아주 중요한 의미가 있을 것이다. 하나님은 왜 요시야 왕의 손자들을 아들들로 재구성하셨을까? 하나님은 왜 1차 포로들이 잡혀간 직후에 태어난 여고냐(고니야, 여호야긴 왕)를 포로로 잡혀갈 때 낳은 아들이라고 재해석하셨을까? 하나님은 왜 여고냐와 시드기야 두 형제뿐인 자녀들을 "여고냐와 그 형제들"이라고 재해석하셨을까?

하나님의 저주와 심판인 포로

하나님은 아브라함을 부르셔서 한 민족의 기원을 시작하시고(첫 번째 14대의 시작), 다윗 왕에 이르러 그 민족의 형태를 완성하셨다. 사람이 다스리는 왕이 세워졌지만 하나님의 마음을 알고 하나님의 뜻을 헤아려 통치하는 나라를 시작하셨고 완성하셨다. 다윗 왕 이후 세워진 왕들마다 다윗의 길로 가지 않았다. 죄는 계속 쌓였다. 이웃 나라를 일으켜 유다를 공격하게 하시되 그 고통 속에서 깨닫고 돌아오기 원하셨다. 그러나 유다는 깨닫지 못했다. 하나님은 유다가 돌아올 길을 준비하실 수밖에 없었다. 그 방법이 하나님의 심판이다. 유다는 하나님의 심판으로 인해 포로로 잡혀가야 한다. 마태복음 저자는 하나님의 이 계획과 마음을 영감받았다. 그래서 그는 "바벨론으로 사로잡혀 갈 때에"와 "바벨론으로 사로잡혀 간 후에"라는 재구성한 역사적 사건을 강조하였다.

유다의 포로와 여고냐의 저주는 같은 맥락이다

마태복음 기자는 포로로 잡혀가기 전 태어난 마지막 왕으로 요시야를 기록했다. 그는 마지막에 태어난 왕을 요시야로 보았다. 여호야긴 왕(여고냐)과 시드기야 왕은 둘 다 1차 포로로 잡혀간 직후에 태어났다. 그러나 마태복음 기자는 여고냐(여호야긴 왕)의 탄생 시기를 포로로 잡혀갈 때로 역사를 재구성했다. 실제 상황은 백성들이 1차 포로로 잡혀갔고 여고냐는 그 이듬해에 태어났다. 마태복음의 저자는 왜 그러한 영감을 받았을까? 예레미야 선지자는 하나님의 영감을 받아 고니야(여고냐, 여호야긴 왕)에게 저주를 선포했다.

> "여호와의 말씀이니라 나의 삶으로 맹세하노니 유다 왕 여호야김의 아들 고니야가 나의 오른손의 인장반지라 할지라도 내가 빼어 네 생명을 찾는 자의 손과 네가 두려워하는 자의 손 곧 바벨론의 왕 느부갓네살의 손과 갈대아인의 손에 줄 것이라 내가 너와 너를 낳은 어머니를 너희가 나지 아니한 다른 지방으로 쫓아내리니 너희가 거기에서 죽으리라 그들이 그들의 마음에 돌아오기를 사모하는 땅에 돌아오지 못하리라 이 사람 고니야는 천하고 깨진 그릇이냐 좋아하지 아니하는 그릇이냐 어찌하여 그와 그의 자손이 쫓겨나서 알지 못하는 땅에 들어갔는고 땅이여, 땅이여, 땅이여, 여호와의 말을 들을지니라 여호와께서 이와 같이 말씀하시니라 너희는 이 사람이 자식이 없겠고 그의 평생 동안 형통하지 못할 자라 기록하라 이는 그의 자손 중 형통하여 다윗의 왕위에 앉아 유다를 다스릴 사람이 다시는 없을 것임이라 하시니라"(렘 22:24-30).

여고냐(고니야, 여호야긴 왕)는 실제로 신바벨로니아에 의해 포로로 잡혀갔다. 하나님은 여고냐가 포로로 잡혀간 사건이 하나님의 저주로 인한 것임을 강조하였다. 동시에 유다가 포로로 잡혀가는 것 또한 하나님의 심판이요 저주임을 보여준다. 즉, 유다의 포로와 여고냐의 포로는 동일한 하나님의 심판이요 저주임을 강조하기 위해 "바벨론으로 잡혀갈 때"와 "바벨론으로 사로잡혀 간 후에"를 강조하여 역사를 재구성한 것이다. 유대 문학의 특성 중 하나는 개인을 통해 국가에 대해 말하고, 국가를 통해 개인에 대해 말하는 것이다.

생각해 보기

1. 지금 당하는 고난은 하나님의 징계인가, 마귀의 공격인가?

2. 그 고난은 언제부터 시작되었는가? 다시 한 번 생각해보라. 원인은 무엇인가?

3. 징계라면 어떻게 해야 하는가?

4. 마귀의 공격이라면 어떻게 해야 하는가?

20장

왜 '아사'를 '아삽'으로 기록했을까?

[7하] …아비야는 아사를 낳고(Abijah begat Asa).

Αβιὰ δὲ ἐγέννησεν τὸν' Ασάφ

필사자들의 실수다

아비야는 아사를 낳은 것이 아니라 아삽을 낳았다. 한글 성경과 영어 성경은 분별하지 않지만 헬라어 성경은 그렇게 기록하고 있다. 대부분 학자들은 필사자들의 실수라고 본다. 7절과 10절 사이에는 8절과 9절뿐이다. 이렇게 짧은 절 안에 두 차례에 걸쳐 필사자의 실수가 있다면 성경은 신뢰받을 수 없다. 그래서 나는 하나님이 특별한 의도로 재편집하신 것으로 본다.

왕 '아사''와 악사 아삽'은 상반된 결말을 맞은 사람들이다

필사자의 실수가 아니라고 보았을 때 '아사' 대신 '아삽'을 쓴 것에는 저자의 의도가 있음이 분명하다. 저자는 어떤 의도를 전하려 한 것일까?

아사 왕은 어떤 사람인가

아사 왕에 대해 살펴보자. 그는 여호와 보시기에 정직하게 행한 왕이다(왕상 15:11). 그는 남색하는 자를 쫓아내고 모든 우상을 제거했다(왕상 15:12). 그의 어머니 마아가가 아세라 상을 만들어 섬기자 폐위시켰다(왕상 15:13). 그가 행하지 못한 하나는 산당을 제거하지 않은 것이다. 열왕기서 저자는 아사의 마음이 일평생 여호와 앞에 온전했다고 평가한다. 그러나 그는 생애 말기에 성전 곳간과 왕궁에 남은 은금으로 아람 왕을 사서 아람이 이스라엘 왕 바아사와 맺은 조약을 파기하고 이스라엘을 공격하도록 술수를 썼다(왕상 15:18-20). 마태복음 기자가 의도를 가졌다면 긍정적인 생애에 초점을 맞추었을까, 부정적인 생애에 초점을 맞추었을까? 아마도 후자일 것이다. 아사는 말년에 하나님을 의지하지 않고 돈을 의지해 하나님을 떠났기 때문이다. 그를 대신해 기록한 '아삽'은 어떤 사람인가?

아삽은 어떤 사람인가

그는 게르손 족속 베레갸(Berch-iah)의 아들이었다. 그의 자손은 148명에 달한다(느 7:44). 그는 다윗의 3대 악사 중 한 사람(대하 6:31, 39; 대하 29:30)으로 악사들의 우두머리였다. 그의 아들들은 찬송대원으로 봉직했다(대상 25:1; 대하 20:14). 시편 150편 중 그는 12편(시 50편, 73-83편)을 지었다. 그의 시편 문체는 강하고 영적인 특성을 지닌다(대하 29:30; 느 12:46). 바벨론 포로 이전에는 별로 알려지지 않았지만 포로 귀환 후 고라 자손과 함께 음악 업무를 담당하며 크게 쓰임받았다. 그와 그의 가족은 백성의 신앙 회복에 크게 기여하였다.

아사 왕 시대는 하나님 중심의 신앙이 절대적으로 필요했다

아사 왕은 다윗 왕의 5대손이자 분열 남왕국의 3대 왕이다. 둘째 14대는 다윗의 불의에 기초한 나라가 태동한 후 다섯 번째 왕으로 아사가 등극했다. 그가 왕으로 즉위할 때는 통일왕국이 남북으로 나눠진 후다. 즉, 아사 왕은 다윗으로부터는 5대 왕이고, 분열왕국으로는 3대 왕이다. 마태복음 기자는 이 자리를 '아삽'으로 대체했다. 무슨 의도와 목적이었을까? 그 당시는 역사적 상황 속에서 무엇이 필요한 시대였는가? 정치적으로 안정이 절대 필요한 시대였다. 북이스라엘은 10개 지파가 참여했고, 남유다는 2개 지파만이 참여했다. 남유다는 존속 자체가 힘들었다. 그렇다면 어떻게 정치적 안정을 꾀해야 했을까? 성전 중심 예배로 여호와 하나님을 가까이하는 것 외에는 다른 방법이 없었다. 이런 때에 아사 왕은 어떤 행보를 보였는가?

아사 왕은 하나님 중심에서 벗어났다

마태복음 기자가 '아사 왕'을 '악사 아삽'으로 대체했다면 거기에는 아주 중요한 의도와 목적이 담겨 있음이 분명하다. 아사 왕을 빼고 악사 아삽으로 대치시키는 것이 왜 필요했을까? 아사 왕은 어떤 평가를 받았는가?

아사 왕은 남유다의 3대 왕으로서 다윗의 길을 걸은 위대한 왕이었지만 말년에 은금으로 아람의 군대를 사서 자신을 괴롭히는 북이스라엘을 치게 만든 권모술수자로 변했다(왕상 15:18-19). 북이스라엘이 남유다를 공격하는 것은 그냥 일어난 일이 아니다. 하나님이 남유다에 화평을 주지 않으셨다면 그들에게 하나님 앞에서 해결해야 할 문제가 있음을 의미한다. 곧 하나님이 북이스라엘을 들어 남유다의 죄를 깨닫게 하시는 것이다. 아사 왕은 이러한 하나님의 섭리를 깨닫고 백성과 더불어 회개하지 않고 인간적 수단과 방법으로 문제를 해결했다. 그로서는 이 시대에 필요했던 예배 회복을 통한 나라의 안정이 불가능하다.

악사 아삽은 하나님 중심 예배를 위한 최적의 인물이다

아삽은 다윗 왕에 의해 3대 악사 중 우두머리로 임명되었고, 그의 후손들 또한 성전 예배에서 중요한 위치를 차지하는 성가대원으로 봉사했다.

역대기서는 다윗 왕의 위대한 업적을 성전과 관련된 업무 회복에 초점을 맞추고 있다. 그는 언약궤를 성전에 안치한 후 레위 사람을 세워 감사 찬송을 드리게 했고(대상 16:4-7), 레위 자손 38,000명 중 성가대로 4,000명을 세웠으며(대상 23:3-6), 성전의 기능이 원활하도록 성가대를 보다 체계적인 24반열로 조직했다(대상 25:1-7). 훗날 솔로몬에 의해 성전이 건축되고 성전봉헌식을 할 때 성가대와 악기를 연주하는 제사장 120명을 언급하고 있다(대상 5:12-14). 이는 악기 연주자가 제사장 직분까지 올라갔음을 보여준다.

시대적으로 예배 회복을 통한 나라 안정이 필요한 때라면 악사 아삽보다 더 적합한 인물은 없다. 특히 그가 지은 시편들을 보면 그가 직무를 감당했음과 더불어 후대에도 계속 백성에게 하나님 중심의 신앙을 촉구하고 하나님을 찬양하도록 권고하고 있다.

마태복음 기자의 의도와 목적은 예배를 통한 나라 회복이다

아사 왕이 아삽으로 대체된 것은 실수가 아니라 의도된 것이다. 마태복음 족보 자체가 의도와 목적을 가지고 기록되었다. 두 차례에 걸쳐 3대를 뺐다. 다윗은 중복 계수를 하고 여고냐는 한 번만 계수했다. 다윗의 불의를 고발하기 위해 "우리아의 아내"라는 특이한 표현도 사용했다. 하나님의 심판을 강조하기 위해 "바벨론 포로로 사로잡혀 갈 때"와 "바벨론으로 사로잡혀 간 후"라는 상황을 설명하기도 했다.

아사 왕이 통치하던 시대인 분열 왕국은 시대적 상황 속에서 볼 때 나라의 안정이 절대적으로 필요한 때였다. 아사 왕은 다윗의 길로 행하고 평생 그의 마음이 여호와 하나님께 있었지만, 말년에 하나님 중심의 신앙을 잃어버리고 은금을 의지하는 신앙을 보였다. 불의에서 시작된 나라의 회복과 분열 왕국의 정치적 안정을 위해 예배 회복을 통한 하나님 중심의 신앙이 필요했다. 악사 아삽은 다윗의 총애를 받은 인물로서 그 위치를 대치할 수 있는 최적의 인물이었다. 마태복음 기자가 유다 지파의 반열로 이어져야 하는 왕권을 모르지는 않았을 것이다. 아사가 실제 왕으로 나라를 통치했다면 악사 아삽은 왕이 못하는 부분을 메워 예배 회복이 절대적으로 필요한 시대에 그것을 외치시는 하나님의 음성이었다.

생각해 보기

1. 가정과 교회에 어떤 부족한 점이 보이는가?

2. 그것을 어떻게 메울 수 있는가?

21장
왜 '아몬'을 '아모스'로 기록했을까?

10중 므낫세는 아몬을 낳고(Manasseh begat Amon).

Μανασσῆς δὲ ἐγέννησεν τὸν' Αμὼς

필사자들의 실수다

므낫세는 아몬이 아니라 아모스를 낳았다. 한글 성경과 영어 성경에서는 분별되지 않지만 헬라어 성경은 분명히 기록하고 있다. 학자들 대부분은 필사자의 실수라고 본다. 7절과 10절 사이에는 8절과 9절밖에 없다. 이렇게 짧은 절 안에 두 번이나 필사자의 실수가 있다면 성경은 신뢰라는 가치를 잃을 수밖에 없다.

필사자의 실수가 아니라고 본다면 아몬 대신 아모스를 쓴 것은 저자의 의도가 있음이 분명하다. 저자는 어떤 의도를 전하려 한 것일까?

아몬은 악한 왕으로 신복에게 살해당했다

아몬은 므낫세의 아들로 20세에 왕위에 올라 2년간 통치했다. 아몬은 아버지 므낫세가 행한 것같이 여호와 보시기에 악을 행하였고(왕하 21:20), 그의 아버지가 섬기던 우상을 숭배하였으며(왕하 21:21), 조상들의 하나님 여호와를 버리고 다윗의 길로 행하지 않은 왕으로서(왕하 21:22) 남유다 왕들 가운데 유일하게 심복들에게 살해되었다.

아모스 선지자는 하나님의 공의를 선포했다

성경에 기록된 아모스는 이사야 선지자의 아버지 아모스(사 1:1)와 예언자 아모스(암 1:1) 그리고 족보에 등장하는 아모스 세 명이다. 마태복음에 등장하는 아모스는 예언자일 가능성이 크다. 예언자 아모스는 '무거운 짐 진 자'라는 뜻으로 베들레헴 남쪽 6.6킬로미터 지점에 위치한 드고아 출신의 목자다(암 1:1). 그는 남유다 출신이지만 여로보암 2세 때 북이스라엘에서 짧게 활동(B.C.760-755년)했다. 거대한 부가 왕국으로 밀려들어온 사마리아는 그 부로 인하여 온갖 병폐가 발생했다. 그는 부한 자들이 부와 권력과 특권을 남용하는 것에 대해 하나님의 공의의 입장에서 선포했다.

남유다는 하나님의 공의가 필요했다

아몬은 두 번째 14대의 마지막 인물로 설정된 남유다의 요시야 왕을 낳았다. 즉, 아몬 왕은 멸망 직전의 남유다를 이끌었다. 불의에 기초한 나라로 시작해 이제 그 끝이 얼마 남지 않은 것이다. 하나님이 언약하신 율례에 따라 유다 지파 다윗 왕의 후손들이 왕위에 즉위하지 못하는 시대가 가까워졌다. 이집트의 바로 느고 왕과 신바벨로니아의 느부갓네살 왕에 의해 좌지우지되던 시대였기 때문이다. 이러한 현상을 자초한 것은 남유다의 왕들이다. 그들이 하나님을 떠나 우상을 섬기고 악을 행했기 때문에 하나님의 경고로 나타난 일들이다. 하나님은 공의대로 심판하는 분이시다.

이 말씀을 듣고 하나님 중심의 신앙으로 돌아와야 할 시대였다.

아모스 선지자는 하나님의 공의를 충족시키는 자다

이 시대는 북이스라엘이 최대 번성기를 누렸던 시기다. 그동안 북이스라엘을 위협하던 아람 왕 벤하닷 3세가 앗수르에게 패하여 자기 나라의 회복에만 힘쓰게 되자 용기와 의욕이 넘쳤던 여로보암 2세는 이 틈을 타 다메섹을 점령하고 영토를 확장하여 하맛에 이르기까지 세력을 넓혔다(왕하 14:28). 이로 인해 이스라엘은 경제적으로 풍요롭고 사회, 문화적으로 부흥했는데, 백성들은 이러한 번영에 만족하여 하나님을 잊어버리고 종교적, 도덕적인 부패에 빠졌다. 그들은 겨울궁과 여름궁뿐만 아니라 상아궁도 소유하고 계절마다 집을 바꾸어 살며 호의호식했다. 이러한 때에 하나님은 아모스를 부르셔서 북이스라엘에게 하나님의 심판을 선포하고 경고하게 하셨다. 이에 아모스는 세 가지 환상[1]을 통해 여호와의 진노를 그들에게 전하였다.

마태복음 기자의 의도와 목적은 공의 심판을 통한 회복이다

다윗의 불의로 시작된 두 번째 14대는 이제 종말을 앞두고 있다. 하나님의 율례와 규례를 읽고 여호와 경외하기를 배워 나라를 이끈 왕들은 거의 없었다. 대부분 우상숭배로 하나님을 떠나거나 주변 강대국을 의지하는 불신의 삶으로 나라를 이끌었다. 아몬 이후 요시야 왕을 지나면 하나님이 선택하신 다윗의 혈통이 왕위를 승계하지 못한다. 이집트의 바로 느고

■

1 세 가지 환상은 메뚜기의 환상(7:1-3), 불의 환상(7:4-6, 바다와 육지를 다 삼키는 공포), 다림줄 환상(7:7-9)이다.

왕과 신바벨로니아의 느부갓네살 왕에 의해 세워지고 폐위된다. 하나님의 계획이 땅에 떨어진 것은 유다를 통치하는 왕들과 그를 따르는 백성들의 죄악 때문이다. 하나님은 끊임없이 회개와 용서의 기회를 주셨다. 그러나 그들은 하나님이 주신 기회를 선용하지 않았다. 하나님이 정하신 심판의 때가 거의 이르렀다. 하나님은 이사야 선지자, 예레미야 선지자 등을 통해 계속 회개를 선포하게 하셨다. 그러나 그들은 돌아오지 않았다. 아모스는 유대 출신으로 북이스라엘에서 활동한 선지자다. 그는 북이스라엘에서 하나님의 공의를 선포했다. 마태복음 기자는 그가 북이스라엘에서 선포한 메시지를 마지막을 앞둔 남유다에 동일하게 선포해야 한다는 일념으로 아몬을 대신해 아모스를 기록한 것은 아닐까?

생각해 보기

1. 하나님의 사랑이 좋은가? 왜 좋은가?

2. 하나님의 심판도 좋은가? 싫은가? 그 이유는 무엇인가?

3. 하나님의 징계는 내가 하나님의 자녀라는 증거다. 최근에 받은 징계는 무엇인가?

22장

경건한 개인은 구원받지만 불의한 나라는 심판받는다

10 히스기야는 므낫세를 낳고 므낫세는 아몬을 낳고 아몬은 요시야를 낳고.
11 바벨론으로 사로잡혀 갈 때에 요시야는 여고냐와 그의 형제들을 낳으니라.

하나님이 보신 유다의 마지막 왕 요시야

요시야 왕은 꺼져가는 유다를 살리기 위해 몸부림친 왕이다. 그는 8세에 왕위에 올랐다. 왕이 된 후 8년째에(16세 때) 그는 다윗의 하나님을 찾기 시작했다(대하 34:3). 그리고 4년 후에(20세 때) 유다와 예루살렘을 정결하게 했다. 모든 우상을 제거했다. 이미 멸망하고 없는 북이스라엘 땅도 정결케 했다(대하 34:3-7). 요시야 왕은 즉위 18년째에(24세 때) 성전을 정결케 하고 여호와의 전을 수리했다(대하 34:8). 성전을 수리하다가 율법책을 발견하고 서기관 사반이 읽는 율법의 말씀을 들었다(대하 34:19-20). 요시야 왕은 율법의 말씀을 듣고 자기 옷을 찢었다(대하 34:20). 그는 즉시 사신을 여선지자 훌다에게 보내 이스라엘을 향한 하나님의 뜻을 묻게 하였다(대하 34:20-22). 요시야 왕은 여선지자 훌다에게서 다음과 같은 메시지를 전달받았다.

"하나님은 유다 주민에게 율법책에서 말한 그대로 행하신다. 기록된 대로 재앙을 내리고 저주하신다. 요시야 왕은 이 저주를 보지 않고 죽으리라"(참고. 대하 34:24-28).

요시야 왕은 하나님의 예언대로 BC 607년에 세상을 떠나 하나님께로 갔다. 2년 후 신바벨로니아는 유다에 대한 첫 공격을 가했고(BC 605), 이후 두 차례 더 공격하여 유다를 멸망시켰다(BC 597, 586).

하나님은 구원과 심판을 명확하게 구분하셨다

하나님은 두 번째 14대 마지막 인물로 요시야 왕을 선택하셨다. 그리고 여고냐를 두 번째 14대에 포함시키지 않으시면서 "바벨론으로 사로잡혀 갈 때에 요시야는 여고냐와 그 형제들을 낳으니라"(마 1:11)고 언급하셨다. 요시야는 바벨론에 포로로 잡혀가지 않았다. "여고냐와 그 형제들"은 요시야의 아들들이 아니라 손자들이다(대상 3:15-17). 마태복음 기자는 손자를 아들의 위치로 올리면서 자신을 성결하게 하고, 또한 국가와 민족을 성결하게 하며 성전을 정화시킨 요시야를 구원받은 자리로 위치시켰다. 그리고 그의 손자 대에 하나님의 심판을 받아 신바벨로니아에 포로로 잡혀가는 장면을 대조하고 있다.

남유다는 율법에 기록된 대로 심판받고 바벨론에 포로로 잡혀갔다

하나님은 개인적으로 회개한 요시야 왕을 구원하셨다. 요시야는 온 유대와 이미 멸망한 북이스라엘 지역까지 그들의 우상을 제거하고 땅을 정결하게 했다(대하 34:1-7). 또한 성전을 수리하고(대하 34:8-13), 유월절을 지켰다(대하 35:1-19). 백성들이 요시야 왕의 요구에 동참했지만 그들은 하나님의 심판을 받아야 했다. 하나님이 용서하시고 긍휼을 베푸시는 시기가 있다. 하나님이 정하신 때가 지나면 아무리 회개하고 돌이켜도 소용없다. 요시야 왕 시대의 유다 백성들이 그 경우에 해당한다. 그들에게는 하나님의 심판만 기다리고 있을 뿐이다.

> "훌다가 그들에게 이르되 이스라엘의 하나님 여호와께서 이같이 말씀하시기를 너희는 너희를 내게 보낸 사람에게 말하라 하시니라 여호와께서 이같이 말씀하시기를 내가 이 곳과 그 주민에게 재앙을 내리되 곧 유다 왕 앞에서 읽은 책에 기록된 모든 저주대로 하리니 이는 이 백성들이 나를 버리고 다른 신들에게 분향하며 그의 손의 모든 행위로 나의 노여움을 샀음이라 그러므로 나의 노여움을 이곳에 쏟으매 꺼지지 아니하리라 하라 하셨느니라"(대하 34:23-25).

그들은 여선지자 훌다의 말대로 하나님의 심판을 받고 세 차례에 걸쳐 바벨론에 포로로 잡혀갔다.

요시야 왕은 유대 백성들이 심판받기 전에 구원받았다

요시야 왕은 훌다 선지자의 선포대로 바벨론이 유다를 공격하기 2년 전에 전쟁 중 전사하여 유다의 멸망을 눈으로 보지 않고 하나님의 구원에 참여했다.

> "내가 이 곳과 그 주민을 가리켜 말한 것을 네가 듣고 마음이 연약하여 하나님 앞 곧 내 앞에서 겸손하여 옷을 찢고 통곡하였으므로 나도 네 말을 들었노라 여호와가 말하였느니라 그러므로 내가 네게 너의 조상들에게 돌아가서

평안히 묘실로 들어가게 하리니 내가 이 곳과 그 주민에게 내리는 모든 재앙을 네가 눈으로 보지 못하리라 하셨느니라 이에 사신들이 왕에게 복명하니라"(대하 34:27-28).

두 번째 14대는 하나님 기준에 부합한 왕들이 없으므로 하나님이 세우시고자 했던 나라가 점점 타락하고 쇠퇴해갔다. 그러나 그 가운데서도 하나님 앞에서 산 왕들을 구원하시는 하나님의 섭리를 보여준다.

요시야는 두 번째 14대 마지막 인물이다

요시야가 두 번째 14대의 마지막 인물이 된 것은 다음과 같은 이유 때문인 것으로 보인다. 요시야는 타락하고 범죄함으로 모든 백성이 하나님의 심판을 받는 중에도 나라와 백성의 성결에 힘쓰고 율법의 말씀을 들으며 옷을 찢고 회개했다(대하 34:19). 하나님은 그런 요시야 왕을 심판 전에 구원하셨다. 하나님은 요시야 왕을 구원하심으로써 오늘도 진심으로 회개하는 자들을 찾고 계시다는 사실을 보여주신다. 유대 백성들은 왕의 요구에 응하여 모든 일에 참여했지만 하나님께 용서받지 못하고 심판받았다. 교회 지도자의 요구에 응한다는 명목으로 형식적으로 회개하지 말라. 하나님 앞에서 세리처럼 가슴을 치고 탄식하며 회개하라. 하나님은 요시야 왕을 통해 모든 세대에 회개의 신앙을 요청하고 계신다.

우리는 구별된 삶을 살아야 한다

우리는 요시야 왕과 같은 신앙인이 되어야 한다. 모든 사람이 세상과 벗하여 산다고 나까지 그렇게 살아서는 안 된다. 요시야 왕은 하나님과 만나는 시간을 가졌다.[1] 그는 하나님을 만난 후 유다와 예루살렘의 모든 우상을 깨뜨리고 정결하게 했고, 심지어 멸망한 북이스라엘 지역까지 정결하게 했다. 재위 18년이 되는 해에는 성전을 수리했다. 그러던 중 율법서를 발견하고 그 기록된 말씀을 들은 요시야는 자기 옷을 찢었다. 자신만 회개하는 것으로 끝내지 않았다. 그는 국가의 미래를 생각해서 훌다 여선지자에게 사신을 보내 유다가 어떻게 해야 하는지에 대해 조언을 구했다.

성도는 하나님을 만나야 한다. 살아계신 하나님을 만나야 한다. 속사람의 눈으로 하나님을 보고 그분의 뜻을 알고 그것을 위해 사는 것이 유일한 소망이 되어야 한다. 자신만을 위해 살지 않고 가족과 다른 사람을 위해 살아야 한다. 무엇보다도 말씀 앞에서 철저하게 자신을 비추어보아야 한다. 말씀을 떠난 것에 대해 철저하게 회개하고 삶을 돌이켜야 한다. 이렇게 신앙생활을 하는 것이 예수님이 말씀하신 '좁은 길'이다. 요즘 교회와 성도들은 너무 넓은 길을 걸으며 신앙생활을 한다. 정말 그 길이 너무 넓다. 자신이 넓은 길을 가고 있다고 생각되는가? 좁은 길을 가고 있다고 생각되는가?

1 요시야는 8세 때 즉위했다. 재위 8년 되던 해에 조상 다윗의 하나님을 비로소 찾았다(대하 34:3상). 재위 12년째 되던 해에 유다와 예루살렘을 성결하게 했다. 그는 4년 동안 하나님을 찾았고 살아계신 하나님을 만난 것으로 보인다. 왜냐하면 재위 8년째에 하나님을 찾기 시작하고 4년이 지난 재위 12년째 유다와 예루살렘을 성결하게 했기 때문이다. 하나님을 만나지 않은 채 어떻게 조상들로부터 내려오는 우상숭배를 타파할 수 있겠는가?

생각해 보기

1. 성도들이 말씀대로 살고 있는가?

2. 나는 다른 성도들과 비교했을 때 어떤 면에서 구별된 삶을 살고 있는가?

3. 정직하게 돌아보았을 때 스스로 이렇게 해서는 안 된다고 생각되는 것이 있는가?

23장
요시야는 여고냐를 낳지 않았다

[11] 바벨론으로 사로잡혀 갈 때에 요시야는 여고냐와 그의 형제들을 낳으니라.
᾿Ιωσίας δὲ ἐγέννησεν τὸν᾿Ιεχονίαν καὶ τοὺς ἀδελφοὺς αὐτοῦ ἐπὶ τῆς μετοικεσίας Βαβυλῶνος.

1차 포로로 잡혀간 후 여고나가 태어났다

"사로잡혀 갈 때"(ἐπὶ τῆς μετοικεσίας Βαβυλῶνος, 에피 테스 메토이케시아스 바뷜루누스)에서 "때"(ἐπι)는 전치사로서 '~할 즈음에, ~근치에'라는 의미다. 즉, "바벨론으로 사로 잡혀갈 즈음"이라는 의미다. 요시야가 바벨론 포로로 잡혀간다는 것도 아니고, 여고냐가 바벨론으로 포로로 잡혀가는 중에 태어났다는 의미도 아니다. 요시야는 남유다가 1차 포로로 잡혀가기 전인 BC 607년에 하나님의 약속대로 심판을 보지 않고 세상을 떠났다(대하 35:24). 여고냐는 언제 태어났을까? 여호아하스 왕의 통치 기간은 3개월이었고, 여호야김은 11년이었다. 여고냐는 8세에 즉위하여 3개월 10일을 다스렸다. 여고냐는 아버지 여호야김이 왕이 되고 3년 후에 태어났다. 그때는 신바벨로니아가 남유다를 침공해 백성들을 1차 포로로 잡아간 직후다.

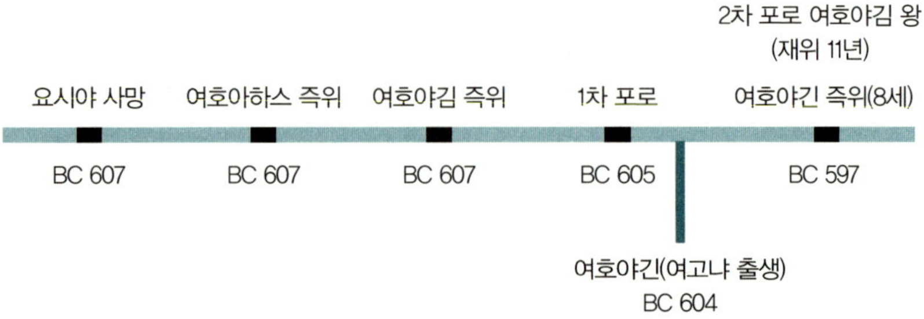

요시야는 여고냐와 그 형제들을 낳지 않았다

요시야는 남유다의 15대 왕이다. 그는 여호아하스, 엘리아김, 맛다니야 등을 낳았다(대하 36:1-4, 10). 엘리아김은 이집트 왕 바로 느고에 의해 왕이 된 후 여호야김으로 개명되었다. 맛다니야는 신바벨로니아 왕 느부갓네살에 의해 왕이 된 후 시드기야로 개명되었다.

요시야 왕의 모든 아들은 하나님이 정하신 기준대로 왕위에 즉위하지 못하고 주변 강대국에 의해 왕이 되기도 하고 폐위되기도 했다. 여고냐는 여호야김 왕의 아들이다. 여호야김 왕은 신바벨로니아의 느부갓네살 왕에게 포로로 잡혀갔다. 그의 아들이 왕위에 즉위하여 '여호야긴 왕' '여고냐'라고 불렸다. 예레미야 선지자는 그를 '고니야'라고도 불렀다(렘 22:24). 즉, 여고냐는 요시야 왕의 손자다.

여고냐를 요시야 왕의 아들로 설정한 이유

이미 앞에서 살펴보았듯이 여고냐는 예레미야 선지자에게서 그 자신과 어머니가 함께 포로로 잡혀가 그곳에서 죽는다는 저주를 받았다(렘 22:26).

하나님이 그의 인장반지를 뽑아서 그의 생명을 찾는 자들에게 주신다는 저주를 받았다(렘 22:24-25). 요시야 왕은 성전을 수리하다가 율법을 발견했고, 그 율법의 말씀을 들은 후 재를 덮어쓰고 옷을 찢으며 회개했다. 하나님은 그의 회개를 받으셔서 유다가 심판을 당해 망하기 전에 그의 생명을 취해 가실 것이라고 말씀하셨다(대하 34:27-28). 나라는 심판을 받아 멸망했지만 요시야 개인은 회개함으로써 하나님의 멸망을 보지 않고 구원을 받았던 것이다. 그러나 여고냐는 왕위에 즉위한 지 석 달 열흘 만에 신바벨로니아에 포로로 잡혀갔다. 아버지로 설정된 요시야 왕은 구원을 받고, 아들로 설정된 여고냐는 저주를 받아 포로로 잡혀간 두 일을 대비함으로써 이 모든 것이 하나님의 주권이라는 것을 알리려고 그들을 아버지와 아들로 설정한 것이다.

요시야가 여고냐를 낳음으로 스룹바벨이 등장한다

다음과 같이 이해할 수 있다. 하나님이 아브라함에게 약속하신 국가가 건설되었고 국가를 이끌 왕이 세워졌다. 이 과정에서 세 차례에 걸쳐 위기가 있었지만 하나님은 '후사 잇기 제도'와 '기업 잇기 제도', '기업과 후사 잇기 제도'(룻의 경우) 등을 세상에 주셔서 하나님의 계획을 이루어가셨다. 17장에서도 살펴보았지만 요시야는 여고냐와 그 형제들을 낳지 않았다. 요시야 왕의 세 아들을 누락함으로써 여고냐를 요시야 왕의 아들로 설정할 경우에는 여고냐와 시드기야를 낳았다고 해야 옳다.[1] 시드기야 대신 "형제들"이 들어간 것은 '후사 잇기 제도' 등을 통해 스룹바벨이라는 인물을 설

1 여호야김의 아들은 여고냐와 시드기야뿐이다(참고. 대상 3:16).

정하기 위해서다.

> "사로잡혀 간 여고냐의 아들들은 그의 아들 스알디엘과 말기람과 브다야와 세낫살과 여가먀와 호사마와 느다뱌요 브다야의 아들들은 스룹바벨과 시므이요 스룹바벨의 아들은 므술람과 하나냐와 그의 매제 슬로밋과"(대상 3:17-19).

마태복음 기자는 "여고냐는 스알디엘을 낳고 스알디엘은 스룹바벨을 낳고"(마 1:12하)라고 기록했다. 위 성경을 보면 스알디엘은 스룹바벨을 낳지 않았다. 여고냐의 다른 아들 브다야가 스룹바벨을 낳았다. 이것은 선택과 버림의 문제가 아니다. '후사 잇기 제도'를 통한 재구성 문제다.[2] 여고냐의 가계를 도표로 살펴보자.

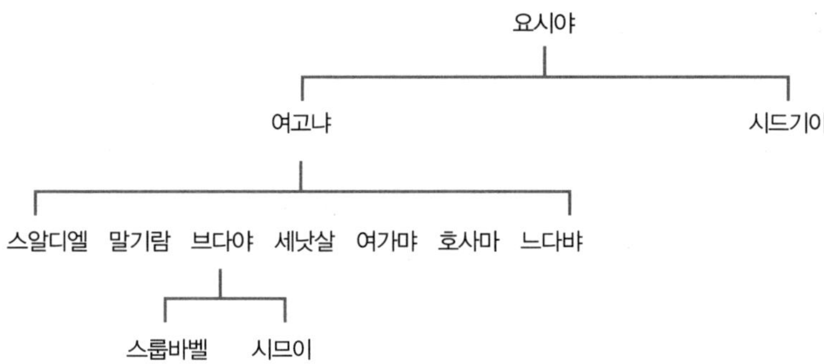

스룹바벨이 어떻게 스알디엘의 아들이 되었을까? 성경은 그 이유를 자

■

2 사실 재구성이라는 용어 자체가 옳지 않다. 그렇게 표현한 것은 성경을 보면 분명히 스알디엘이 스룹바벨을 낳지 않았는데 왜 그렇게 표현했을까라는 의문이 생길 수밖에 없기 때문이다. 전문적인 연구를 하지 않는다면 '후사 잇기 제도'를 통해 그렇게 되었다고 생각하기 어렵다.

세히 언급하고 있지 않다. 스알디엘과 말기람이 빨리 죽자 브냐야가 후사를 잇기 위해 스알디엘의 아내인 형수에게 들어가 낳은 아들이 스룹바벨이라고 볼 수 있다. 때문에 브냐야가 형수에게서 낳은 아들이지만 브냐야의 아들이 아니라 스알디엘의 아들이 된다. 이것이 후사 잇기 제도의 특이한 점이다. 한국의 데릴사위제도와 비슷하다. 하지만 고대 근동사회에서는 그것이 의무라는 점이 다르다. 스룹바벨이 어떻게 스알디엘의 아들이 되었을까? 스알디엘과 말리감이 아들이 없어서 브냐야의 아들이 스알디엘의 양자로 갔을 수 있다. 둘 중 어느 것이 맞는지 정확하지 않다. 그래서 나는 선택적 재구성이라는 용어를 사용했다. 요시야가 여고냐를 낳은 선택적 재구성의 결과 스룹바벨이 등장하게 되고, 그는 페르시아에서 요직을 감당하다가 백성들을 약속의 땅으로 이끌고 돌아와 성전을 건축하게 된다.

생각해 보기

1. 나의 신앙생활은 안전한가? 망할 징조는 없는가?

2. 나의 믿음의 아들들을 적어보라. 이대로 좋은가?

24장

여고냐의 이름을 언급하고 14대에 계수하지 않은 이유

6 이새는 다윗 왕을 낳으니라 다윗은 우리아의 아내에게서 솔로몬을 낳고.
11 바벨론으로 사로잡혀 갈 때에 요시야는 여고냐와 그의 형제들을 낳으니라.

첫 14대에 실제 생존한 인물은 많다. 그들 가운데 많은 사람을 뺐으면서 왜 다윗은 두 번이나 계수했는가? 둘째 14대 21명[1]의 왕 가운데 7명을 뺏다. 특히 여고냐는 이름은 언급했지만 왕으로 계수하지 않았다. 이에 대한 하나님의 의도와 목적은 무엇일까?

다윗은 두 번 계수하고 여고냐는 한 번만 계수했다

첫 번째 14대에서 다윗을 계수했기 때문에 둘째 14대에서 다윗을 빼고 여고냐를 마지막 왕으로 계수하면 정확하게 14대가 된다. 물론 그렇게 되

1 북이스라엘 아합 왕과 이세벨 왕비 사이에서 태어나 남유다 여호사밧의 아들 여호람의 아내가 된 아달랴가 6년을 통치했지만 왕으로 계수하지 않았다.

면 셋째 14대가 13명이 된다. 셋째 14대에 생략된 이름 가운데 한 명을 살려서 넣으면 14대를 맞출 수 있다. 합리적으로 생각하면 얼마든지 그렇게 처리할 수 있는데 마태복음 기자는 그렇게 하지 않았다. 다윗을 두 번 계수하고 여고냐는 한 번만 계수했다. 논리적으로 말하면 무리수를 두면서 그렇게 짜 맞춘 것이다. 하나님은 왜 그렇게 하셨을까?

다윗은 두 번 계수해야 한다

하나님이 다윗을 첫 14대 마지막이자 둘째 14대 첫 인물로 설정하셨다면 충분한 이유가 있을 것이다. 이미 앞에서 살펴보았지만 하나님의 궁극적 계획은 메시아 예수가 만왕의 왕으로 이 땅에 오시는 것이다. 그 앞에 왕으로 설정될 인물이 필요한데 그가 바로 다윗이다. 하나님은 자신이 선택하시고 훈련한 자를 왕으로 세우고 싶으신 마음을 사무엘상에 충분히 기록하셨다. 자기 백성이 광야생활을 시작하는 시점에서 약 400년 후에 있을 왕의 기준을 미리 말씀하셨다(신 17:14-20). 첫 14대에 "다윗 왕"으로 기록된 이유가 바로 거기에 있다. 하나님이 계획하시고 세우고 싶으셨던 왕이 다윗이고 그가 하나님에 의해 세워졌다는 것을 알리기 위해 "다윗 왕"이라고 표현했다.

둘째 14대 첫 인물로 다윗을 기록하면서 "다윗은 우리아의 아내에게서 솔로몬을 낳고"라고 기록하였다. 즉, 둘째 14대가 다윗으로부터 시작할 수밖에 없는 이유가 있다. 하나님이 세우신 왕이라 할지라도 하나님을 떠나면 마귀의 유혹 앞에 무너지는 죄인일 뿐이다. 다윗은 하나님의 축복을 엄청나게 받은 왕이다. 그가 우리아의 아내인 밧세바를 취하고 그의 남편을 간접적으로 살해했을 때 나단 선지자가 그를 찾아와 전한 말씀 속에서 하나님의 마음을 살펴보자.

"나단이 다윗에게 이르되 당신이 그 사람이라 이스라엘의 하나님 여호와께서 이와 같이 이르시기를 내가 너를 이스라엘 왕으로 기름 붓기 위하여 너를 사울의 손에서 구원하고 네 주인의 집을 네게 주고 네 주인의 아내들을 네 품에 두고 이스라엘과 유다 족속을 네게 맡겼느니라 만일 그것이 부족하였을 것 같으면 내가 네게 이것 저것을 더 주었으리라 그러한데 어찌하여 네가 여호와의 말씀을 업신여기고 나 보기에 악을 행하였느냐 네가 칼로 헷 사람 우리아를 치되 암몬 자손의 칼로 죽이고 그의 아내를 빼앗아 네 아내로 삼았도다 이제 네가 나를 업신여기고 헷 사람 우리아의 아내를 빼앗아 네 아내로 삼았은즉 칼이 네 집에서 영원토록 떠나지 아니하리라 하셨고"(삼하 12:7-10).

하나님은 다윗을 왕으로 세우시고 사울의 손에서 구원하시며 그의 집과 아내들을 빼앗아 다윗에게 주셨다. 그리고 이스라엘과 유다 족속을 맡기셨다. 그다음을 보라. "부족하였을 것 같으면 내가 이것 저것을 더 주었으리라"(8하). 그런데 왜 "여호와의 말씀을 업신여기고 나 보기에 악을 행했느냐"(9상)고 물으셨다. 그리고 하나님은 "칼이 네 집에서 영원토록 떠나지 아니하리라"(10)고 선포하셨다.

둘째 14대 첫 인물인 다윗을 "다윗은 우리아의 아내에게서 솔로몬을 낳고"라고 기록한 것은 분명한 의도가 있다. 바로 둘째 14대는 죄에 기초하여 시작된 나라, 즉 불의에 기초한 나라가 시작되었다는 것을 보여주는 것이다. 다윗이 "우리아의 아내"를 취하여 죄를 지었고, 그 결과 선포된 "칼이 영원히 집을 떠나지 않을 것"을 보여주는 표현이다. 그래서 하나님은 자신이 선택하여 세우신 왕 다윗을 마태복음 기자로 하여금 첫 14대 마지막 인물로 설정하고, 또한 그 다윗이 "우리아의 아내"와 간음하여 죄가 떠나지 않는 불의에 기초한 나라가 시작되었음을 말씀하시려고 둘째 14대 첫 인물로 다윗을 이중계수하여 기록하게 하셨다.

여고냐는 한 번 계수해도 충분하다

족보를 기록하는 논리적 입장에서 보면 여고냐도 두 번 계수해야 한다. 그러나 여고냐는 한 번 계수하는 것으로 족하기 때문에 한 번만 계수했다. 둘째 14대 마지막 인물이 요시야 왕이다. 하나님은 이미 그의 생애를 언급하시면서 남유다의 종말을 예언하셨다.

> "여호와께서 이같이 말씀하시기를 내가 이 곳과 그 주민에게 재앙을 내리되 곧 유다 왕 앞에서 읽은 책에 기록된 모든 저주대로 하리니 이는 이 백성들이 나를 버리고 다른 신들에게 분향하며 그의 손의 모든 행위로 나의 노여움을 샀음이라 그러므로 나의 노여움을 이 곳에 쏟으매 꺼지지 아니하리라 하라 하셨느니라"(대하 34:24-25).

하나님은 남유다의 멸망을 선포하셨다. 이에 반하여 하나님은 요시야 왕에게 구원을 선포하셨다.

> "내가 이 곳과 그 주민을 가리켜 말한 것을 네가 듣고 마음이 연약하여 하나님 앞 곧 내 앞에서 겸손하여 옷을 찢고 통곡하였으므로 나도 네 말을 들었노라 여호와가 말하였느니라 그러므로 내가 네게 너의 조상들에게 돌아가서 평안히 묘실로 들어가게 하리니 내가 이 곳과 그 주민에게 내리는 모든 재앙을 네가 눈으로 보지 못하리라 하셨느니라 이에 사신들이 왕에게 복명하니라"(대하 34:27-28).

율법의 말씀을 들은 요시야 왕은 옷을 찢고 통곡하며 겸손히 회개했다. 하나님이 그에게 내리실 최고의 축복은 그가 나라가 망하는 것을 보지 않고 하늘나라로 데려가시는 것이다. 하나님은 요시야 왕에게 그 구원을 내리셨다. 둘째 14대는 죄에 기초하여 시작된 나라인데 열아홉 명의 왕이 이를 반전시키지 못했다는 것을 말씀하신다. 그들 모두 다윗의 범죄와 같은 반열에 서서 나라를 망하게 했다. 그러나 요시야 왕만큼은 하나님 앞에 겸비했기에 하나님은 나라가 망하는 중에도 요시야만큼은 구원하셨음을 말씀하고 계신다. 여고냐 왕을 둘째 14대에 계수하지 않아도 되는 것은 그에게 임한 저주는 곧 남유다에게 임한 저주와 동일한 것이기 때문이다. 즉, 남유다의 멸망을 통해 여고냐 왕의 저주를 말하고 있기 때문이다. 여고냐는 예레미야 선지자에게서 무시무시한 저주를 받았다.

> "여호와의 말씀이니라 나의 삶으로 맹세하노니 유다 왕 여호야김의 아들 고니야가 나의 오른손의 인장반지라 할지라도 내가 빼어 네 생명을 찾는 자의 손과 네가 두려워하는 자의 손 곧 바벨론의 왕 느부갓네살의 손과 갈대아인의 손에 줄 것이라 내가 너와 너를 낳은 어머니를 너희가 나지 아니한 다른 지방으로 쫓아내리니 너희가 거기에서 죽으리라 그들이 그들의 마음에 돌아오기를 사모하는 땅에 돌아오지 못하리라 이 사람 고니야는 천하고 깨진 그릇이냐 좋아하지 아니하는 그릇이냐 어찌하여 그와 그의 자손이 쫓겨나서 알지 못하는 땅에 들어갔는고 땅이여, 땅이여, 땅이여, 여호와의 말을 들을지니라 여호와께서 이와 같이 말씀하시니라 너희는 이 사람이 자식이 없겠고 그의 평생 동안 형통하지 못할 자라 기록하라 이는 그의 자손 중 형통하여 다윗의 왕위에 앉아 유다를 다스릴 사람이 다시는 없을 것임이라 하시니라"(렘 22:24-30).

고니야 왕, 즉 여호야긴 왕(=여고냐 왕)은 저주받은 인물이다. 그의 저주는 곧 남유다의 저주를 의미한다. 남유다의 멸망과 여고냐의 저주는 동일한 것이다. 그러므로 남유다의 멸망은 여고냐를 대신하고 있다고 볼 수 있다. 때문에 그의 이름이 둘째 14대에서 빠진 것이다.

오늘날 성도들은 자신의 이름이 생명책에 기록된다고 확신한다. 과연 그럴까? 예수님은 요한계시록에서 사데교회 성도들에게 싸워 이길 때만 "지우지 않겠다"(계 3:5)고 말씀하셨다. 날마다 삶 속에서 말씀대로 살지 않고 예수님을 다시 십자가에 못 박고 있는데도 과연 그 이름이 생명책에서 지워지지 않을까?

생각해 보기

1. 나라의 죄와 나의 죄를 동일한 것으로 바라보기를 권한다. 나라의 어떤 죄악들이 드러나고 있는가?

2. "하나님이 나의 이름을 생명책에서 지우실 수 없다"고 자신 있게 말할 수 있는 증거는 무엇인가?

25장 나머지 사람들

둘째 14대는 비교적 다루기기 쉽다. 왜냐하면 열왕기서에 기록된 왕들의 이름이기 때문이다. 전통적인 족보에서 벗어나 파격적으로 기록된 이름들이 있고, 개인적인 선택을 받아 족보에 기록된 왕들이 있다. 둘째 14대에서 다루지 않았던 왕들은 이에 속한다. 바로 솔로몬, 르호보암, 아비야, 여호사밧, 웃시야, 므낫세다. 이들의 행적은 열왕기서에 기록되어 있기 때문에 솔로몬과 르호보암만 간략하게 살펴보기로 하자.

솔로몬은 나라가 둘로 나뉘게 했다

솔로몬의 업적은 극과 극이다. 지혜를 구하고 성전을 지은 업적은 누구도 모방할 수 없는 신앙인의 삶이다. 반면 그는 통일 왕국 이스라엘이 남유다와 북이스라엘로 나뉘게 한 인물이기도 하다. 하나님은 이렇게 말씀하셨다.

"아히야가 자기가 입은 새 옷을 잡아 열두 조각으로 찢고 여로보암에게 이르되 너는 열 조각을 가지라 이스라엘의 하나님 여호와의 말씀이 내가 이 나라를 솔로몬의 손에서 찢어 빼앗아 열 지파를 네게 주고 오직 내 종 다윗을 위하고 이스라엘 모든 지파 중에서 택한 성읍 예루살렘을 위하여 한 지파를 솔로몬에게 주리니 이는 그들이 나를 버리고 시돈 사람의 여신 아스다롯과 모압의 신 그모스와 암몬 자손의 신 밀곰을 경배하며 그의 아버지 다윗이 행함 같지 아니하여 내 길로 행하지 아니하며 나 보기에 정직한 일과 내 법도와 내 율례를 행하지 아니함이니라 그러나 내가 택한 내 종 다윗이 내 명령과 내 법도를 지켰으므로 내가 그를 위하여 솔로몬의 생전에는 온 나라를 그의 손에서 빼앗지 아니하고 주관하게 하려니와 내가 그의 아들의 손에서 나라를 빼앗아 그 열 지파를 네게 줄 것이요 그의 아들에게는 내가 한 지파를 주어서 내가 거기에 내 이름을 두고자 하여 택한 성읍 예루살렘에서 내 종 다윗이 항상 내 앞에 등불을 가지고 있게 하리라"(왕상 11:30-36).

솔로몬은 하나님이 말씀하신 왕의 기준 가운데 "아내를 많이 두지 말라"(신 17:17)는 말씀을 어겼다. 때문에 하나님이 하신 말씀 그대로 그에게 이루어졌다. 하나님은 아내를 많이 두면 아내들에게 미혹되어 그녀들이 섬기던 신을 섬기게 된다고 말씀하셨다. 솔로몬은 아내들에게 미혹되어 온갖 우상숭배를 저질렀다. 하나님은 다윗 때문에 그 대에서 나라를 둘로 쪼개지 않으셨지만 그 아들 대에서 둘로 나누신다고 선포하셨다. 그는 나라를 둘로 나눈 죄인이다.

르호보암은 나라가 둘로 나뉘는 것을 지켜보았다

하나님은 솔로몬의 우상숭배로 나라를 둘로 쪼개신다고 예언하셨다. 르호보암은 그 예언이 실제로 이루어지도록 역할을 감당했다. 백성들은 솔로몬 때 너무나 심한 노역에 시달렸다. 백성들은 르호보암을 찾아와 자신들을 솔로몬처럼 인애로 통치할 것인지 물었다. 르호보암은 이에 대해 지혜로운 어른들과 젊은 사람들에게 각각 조언을 구했다. 그는 지혜로운 어른들의 조언을 버리고 젊은이들의 말을 따라 이렇게 답했다.

> "왕이 포학한 말로 백성에게 대답할새 노인의 자문을 버리고 어린 사람들의 자문을 따라 그들에게 말하여 이르되 내 아버지는 너희의 멍에를 무겁게 하였으나 나는 너희의 멍에를 더욱 무겁게 할지라 내 아버지는 채찍으로 너희를 징계하였으나 나는 전갈 채찍으로 너희를 징치하리라 하니라"(왕상 12:13-14).

르호보암의 대답을 들은 백성들은 북쪽의 여로보암을 따라갔다. 이렇게 나라가 둘로 나뉘게 되었다.

하나님이 제시하신 언약은 하나님의 자녀들이 살아야 할 절대 기준이다. 솔로몬은 아내를 많이 두지 말라는 말씀을 어기고 많은 아내를 두었는데, 이 여인들이 가지고 들어온 우상들로 인해 그의 발목이 잡혔다. 결국 하나님을 떠나 타락의 길을 갔다. 그로 인해 한 나라가 둘로 나뉘었다. 르호보암은 지혜로운 자들의 말을 듣지 않고 포악한 친구들의 말을 들어 나라가 둘로 쪼개지는 것을 부채질했다. 내 주변에 어떤 사람이 있는가는 아주 중요한 문제다. 하나님의 지혜를 가진 사람들이 주변에 있다면 나 또한 그들이 가진 은혜를 함께 누리지만 그 반대의 경우도 일어난다.

생각해 보기

1. 나는 연합의 역할을 하는가? 분열의 역할을 하는가?

2. 하나님 앞에서 인정받을 만한 삶과 그렇지 못한 삶을 정리해보라.

3부

세 번째 14대

(12–16절)

"

바벨론으로 사로잡혀 간 후에 여고냐는
스알디엘을 낳고 스알디엘은 스룹바벨을
낳고 스룹바벨은 아비훗을 낳고 아비훗은
엘리아김을 낳고 엘리아김은 아소르를 낳고
아소르는 사독을 낳고 사독은 아킴을 낳고
아킴은 엘리웃을 낳고 엘리웃은 엘르아살을
낳고 엘르아살은 맛단을 낳고 맛단은 야곱을
낳고 야곱은 마리아의 남편 요셉을 낳았으니
마리아에게서 그리스도라 칭하는 예수가
나시니라.

"

하나님은 보이지 않는 하나님 나라를 준비하고 계시다.

관찰 질문

약 BC 600년

1. "바벨론으로 사로잡혀 간 후에 여고냐는 스알디엘을 낳고"(12상).

   –하나님은 왜 전통적인 족보 기록 방법을 깨뜨리셨는가?

   1.1. 왜 셋째 14대는 "바벨론으로 사로잡혀 간 후에"라는 상황 설명으로 시작되는가?

   1.2. 여고냐는 어떤 사람인가?

   1.3. 여고냐는 족보에 기록되어도 되는가?

   1.4. 셋째 14대는 왜 여고냐로 시작되는가?

2. "스알디엘은 스룹바벨을 낳고"(12하).

   –하나님은 왜 전통적인 족보 기록 방법을 깨뜨리셨는가?

   2.1. 스룹바벨은 브나야의 아들이다. 그런데 왜 스알디엘로 기록했을까?

   2.2. 스룹바벨은 어떤 사람인가?

약 BC 6–4년

3. "야곱은 마리아의 남편 요셉을 낳았으니"(16상).

   –하나님은 왜 전통적인 족보 기록 방법을 깨뜨리셨는가?

3.1. 왜 "야곱은 요셉을 낳았다"고 하지 않고 "마리아의 남편 요셉을 낳았다"고 했는가?

3.2. "마리아의 남편"은 무엇을 의도하는 것일까?

4. "마리아에게서 그리스도라 칭하는 예수가 나시니라"(16하).

–하나님은 왜 전통적인 족보 기록 방법을 깨뜨리셨는가?

4.1. "요셉은 마리아에게서 예수를 낳았다"고 하지 않고 왜 "마리아에게서 예수가 나셨다"고 표현했을까?

4.2. 지금까지 언급된 "낳다"는 능동형인데 왜 "예수가 나시니라"에서 "낳다"는 수동형일까?

26장
하나님은 새로운 나라와 통치를 계획하셨다

[12상] 바벨론으로 사로잡혀 간 후에.

셋째 14대는 다윗 왕의 후손이 통치하는 나라가 망했음을 보여준다.
셋째 14대는 다윗 왕의 후손이 통치한 적이 없음을 보여준다.
셋째 14대는 하나님의 새로운 계시가 진행되고 있음을 보여준다.

하나님이 세우신 이스라엘 국가는 멸망했디

하나님이 선택하시고 구별하여 왕으로 세우신 다윗 이후 대부분 왕은 다윗의 길을 가지 않았다. 두 번째 14대에서 살펴본 것처럼 하나님의 율법을 평생 자기 곁에 두고 읽지 않았다. 심지어는 율법책을 잃어버린 것으로 보인다.[1] 하나님 말씀이 자기 곁에 없는데 누가 그 말씀을 통해 하나님

1 요시야 왕이 성전을 수리하면서 "모세가 전한 여호와의 율법책을 발견하고"(대하 34:14)라고 기록한 점을 미루어보면 윗대 어디에선가 율법책을 잃어버린 것으로 보인다. 이스라엘은 블레셋과의 싸움에서 언약궤를 빼앗겼고(삼상 4:1-11), 다윗이 찾아올 때까지 방치되어 있었다(대상 5:1-28).

경외하는 것을 배울 수 있겠는가? 설령 말씀이 있다 해도 배우지 않는 것이 죄인들의 삶이다. 이스라엘 왕들은 통치의 목적이 자신들의 욕망을 채우기 위해서였고, 여러 가지 우상을 숭배했다. 하나님은 심판의 칼을 드셨다. 신바벨로니아에 포로로 잡혀가게 하셨다. 세 차례에 걸쳐 전쟁을 치렀고, BC 586년 19대 시드기야 왕 때 완전히 멸망하고 말았다.

다윗의 후손이 통치하던 나라는 이제 완전히 자취를 감추었다. 약속의 땅에 남은 사람들이나 포로로 잡혀 간 사람들이나 다윗의 아들들이 통치하는 나라, 곧 하나님 나라를 더는 맛볼 수 없었다.

저주받은 여고냐는 심판받은 유다를 의미한다

이미 앞에서 살펴보았지만 여고냐는 고니야라는 이름으로 예레미야 선지자의 저주를 받았다(렘 22:24-30). 그 저주는 어떤 것이었는가?

여고냐가 받은 저주

1. 여고냐의 생명을 원수들에게 준다.
2. 어머니와 함께 다른 지방으로 쫓겨나 거기서 죽는다.
3. 고향으로 돌아오고 싶어도 돌아오지 못한다.
4. 자식이 없을 것이며 평생 형통하지 못한다.
5. 그의 자녀들 가운데 다윗의 왕위에 올라 유다를 통치할 자가 없을 것이다.

여고냐는 예레미야 선지자의 저주대로 왕으로 즉위한 지 석 달 만에 자신과 어머니, 신하들과 지도자들, 내시들과 함께 신바벨로니아에 항복하고 포로로 잡혀갔다(왕하 24:12). 이는 여고냐 개인의 저주이기도 하지만 동시에 유다를 향한 하나님의 심판이기도 했다. 남유다는 여선지자 훌다의 예언대로(대하 34:22-28) 하나님의 심판을 받고 멸망했다. 하나님은 이 사건을 "바벨론으로 사로잡혀 간 후에 여고냐는 스알디엘을 낳고"라고 묘사하셨다. 다윗이 통치하던 나라는 자취를 감추었다. 하나님이 세우시기 원했던 하나님 나라도 암흑의 길로 들어섰다.

포로에서 돌아오지만 다윗의 아들이 통치하는 나라는 사라졌다

유다 백성들은 70년의 포로생활(BC 605-538/537)을 마치고 귀환했다. 하나님은 자기 백성들에게 성전 재건을 명령하시며 다음과 같이 약속하셨다.

> "이 성전의 나중 영광이 이전 영광보다 크리라 만군의 여호와의 말이니라 내가 이 곳에 평강을 주리라 만군의 여로와의 말이니라"(학 2:9).

바벨론 포로에서 돌아와 새 시대가 시작되었지만 유감스럽게도 달라진 게 없었다. 그토록 간절한 앙망에 대한 응답이었음에도 말이다. 무엇보다 하나님 말씀에 감동을 받아 성전 재건의 역사가 시작되었지만 한 달도 채 못 되어 중단되었고, 우여곡절 끝에 완공되었다(BC 515/516). 그러나 영광스럽던 솔로몬 성전을 보았던 노년 세대들은 새 성전의 초라함에 그만 낙담하고 좌절했다. 백성들은 회의와 절망으로 휘청거렸지만 하나님은 백성들이 깨닫지 못할지라도 당신의 시간 속에서 새 일을 준비하셨다.

영토적 나라에서 영적 하나님 나라로 전환되다

손으로 지은 성전은 참 성전이시자 그것의 실체이신 그리스도의 모형이라는 신학적 이해의 틀로 보면 스룹바벨 성전은 부러움과 영광으로 추억하는 솔로몬 성전의 영광과 비교할 수 없는 성전이신 그리스도를 읽어내도록 안내해주고 있다. 하나님은 다윗 자손이 통치하는 눈에 보이는 영토 중심의 나라에서 영적 통치가 이루어질 하나님 나라로 전향하고 계셨다. 이것이 원래 하나님의 계획이었다.

> "내가 너희를 여러 나라 가운데에서 인도하여 내고 여러 민족 가운데에서 모아 데리고 고국 땅에 들어가서 맑은 물을 너희에게 뿌려서 너희로 정결하게 하되 곧 너희 모든 더러운 것에서와 모든 우상 숭배에서 너희를 정결하게 할 것이며 또 새 영을 너희 속에 두고 새 마음을 너희에게 주되 너희 육신에서 굳은 마음을 제거하고 부드러운 마음을 줄 것이며 또 내 영을 너희 속에 두어 너희로 내 율례를 행하게 하리니 너희가 내 규례를 지켜 행할지라 내가 너희 조상들에게 준 땅에서 너희가 거주하면서 내 백성이 되고 나는 너희 하나님이 되리라"(겔 36:24-28).

하나님이 흩으셨던 백성들을 다시 불러 모으실 때(바벨론 포로에서 돌아올 때)는 전과 같은 국가적 나라가 존재하지 않는다고 말씀하신다. 새 영을 주고, 새 마음을 주며, 하나님의 신(내 영)을 사람 속에 두어 하나님의 말씀을 따르고, 하나님의 규례를 지켜 행하는 새로운 백성을 세우시겠다고 예언하셨다. 바벨론에 포로로 잡혀가는 것은 국가적 나라가 없어지는 것을 의미하고, 바벨론 포로에서 돌아오는 것은 영이 개개인을 통치하시는 나라가 시작되는 것을 의미한다.

신약시대 이스라엘은 오직 눈에 보이는 나라의 회복을 오매불망 기다렸기에 하나님이 새로운 세계로 전환하고 계시는 것을 깨닫지 못했다. 그들은 포로 귀환 후에도 다윗 자손이 다스리는 나라를 기다렸다. 나아가 솔로몬 성전의 영광이 재현되기를 기다렸다.

그러나 하나님은 바벨론 포로 70년 동안 새로운 영역의 하나님 나라를 준비하고 계셨고, 족보에 나타난 메시아 예수가 성취하신 후 그분을 믿는 하나님 자녀들에게 지금도 진행 중이시다. 새로운 계시의 하나님 나라는 더러운 마음에 맑은 물이 뿌려져 정결하게 되는 나라다. 새로운 계시의 하나님 나라는 정결하게 된 마음에 인간의 죽은 영을 살려 새 영이 주어져 그 영에 의해 살게 되는 나라다. 새로운 계시의 하나님 나라는 정결해진 마음에 하나님의 성령을 내주하게 하셔서 하나님 말씀을 지켜 사는 나라다. 하나님은 바로 이 나라를 세우시기 위해 구약 성경에서 임마누엘 하나님을 보내실 것을 예언하셨다.

> "여호와께서 또 아하스에게 말씀하여 이르시되 너는 네 하나님 여호와께 한 징조를 구하되 깊은 데에서든지 높은 데에서든지 구하라 하시니 아하스가 이르되 나는 구하지 아니하겠나이다 나는 여호와를 시험하지 아니하겠나이다 한지라 이사야가 이르되 다윗의 집이여 원하건대 들을지어다 너희가 사람을 괴롭히고서 그것을 작은 일로 여겨 또 나의 하나님을 괴롭히려 하느냐 그러므로 주께서 친히 징조를 너희에게 주실 것이라 보라 처녀가 잉태하여 아들을 낳을 것이요 그의 이름을 임마누엘이라 하리라"(사 7:10-14).

임마누엘은 베들레헴에서 탄생하시며 평강의 왕이시다

하나님은 바벨론 포로기 전에 임마누엘하신 하나님이 오실 것을 예언하셨다. 같은 시대에 활동했던 미가 선지자를 통해 베들레헴에서 탄생하실 것까지 예언했다. 그리고 임마누엘하신 하나님이 평강의 왕이심을 예언했다.

"베들레헴 에브라다야 너는 유다 족속 중에 작을지라도 이스라엘을 다스릴 자가 네게서 내게로 나올 것이라 그의 근본은 상고에, 영원에 있느니라 그러므로 여인이 해산하기까지 그들을 붙여 두시겠고 그 후에는 그의 형제 가운데에 남은 자가 이스라엘 자손에게로 돌아오리니 그가 여호와의 능력과 그의 하나님 여호와의 이름의 위엄을 의지하고 서서 목축하니 그들이 거주할 것이라 이제 그가 창대하여 땅 끝까지 미치리라 이 사람은 평강이 될 것이라 앗수르 사람이 우리 땅에 들어와서 우리 궁들을 밟을 때에는 우리가 일곱 목자와 여덟 군왕을 일으켜 그를 치리니"(미 5:2-5).

하나님이 예언하신 임마누엘이 예수로 오시다

세 번째 14대의 마지막 인물로 언급되신 예수는 하나님이 예언하셨던 바로 그 임마누엘하신 하나님이시다(35장에서 살펴볼 것이다). 마태복음의 족보는 그리스도 예수가 구약에 예언된 임마누엘이심을 알리기 위해 기록되었다. 마태복음의 족보는 그리스도 예수가 다윗 왕의 자손이 이루지 못한 하나님이 통치하시는 나라를 이루실 분임을 알리기 위해 기록되었다. 마태복음의 족보는 그리스도 예수가 심지어 다윗에게도 아브라함에게도, 또한 그들의 모든 후손에게도 하나님의 통치를 선물하신 하나님이심을 전하기 위해 기록되었다. 마태복음의 족보는 구약에 예언된 보이지 않는 영적 하나님의 통치가 어떻게 온 세상 끝까지 전파될 것인가를 말하기 위해 기록된 족보다. 족보 이후 마태복음은 그리스도 예수가 당신이 여호와 하나님이 구약에 예언하셨던 바로 그 임마누엘이심을 입증하신다. 동시에 하나님의 통치와 하나님 나라[2]의 관계를 우리에게 알려준다. 그래서 마태복음은 우리가 알고 있는 팔복에서 '하나님 나라의 복'이 무엇인가를 먼저 알려준다. 하나님 나라의 복은 하나님의 다스림을 받는 복이다. 우리는 대개 하나님 나라의 복이라고 하면 미래의 어느 장소에서 받을 것으로 생각한다. 메시아 예수님이 죄인을 구원하여 세우실 나라는 현세에서 하나님의 통치를 받는 나라이고, 훗날 천국에 들어가서도 하나님의 통치가 영원히 이루어지는 나라다. 믿는다고 하면서도 세상 사람처럼 사는 것은 믿지 않는 것이다.

생각해 보기

하나님이 나와 함께하시는 모습을 구체적으로 적어보라.

2 마태복음은 다른 복음서와 달리 하늘나라와 하나님의 통치를 구분해서 기록하고 있다. '하늘의 나라=천국'은 "ἡ βασιλεία τῶν οὐρανῶν"로 표기했고, 영역본들은 "the kingdom of the heavens"라고 번역했다. 반면 "하나님의 통치"는 "ἡ βασιλεία τοῦ θεου"로 표현했고, 영역본들은 대부분 "the kingdom of God"으로 번역했다. 그러나 YLT 역본은 "the reign of God"(하나님의 통치, 다스림)으로 번역했다.

27장

저주받은 여고냐가 아들을 낳았다

여고냐는 하나님의 새로운 계획 속으로 들어왔다

12하 여고냐는 스알디엘을 낳고 스알디엘은 스룹바벨을 낳고,

여고냐는 아들을 낳지 못할 것이라고 이미 저주를 받았다

예레미야 선지자는 여고냐가 "자식이 없겠고 그의 평생 동안 형통하지 못할 자라 이는 그의 자손 중 형통하여 다윗의 왕위에 앉아 유다를 다스릴 사람이 다시는 없을 것임이라 하시니라"(렘 22:30)고 예언했다. 그런데 여고냐가 스알디엘을 낳았다면 이는 큰일이다. 예레미야의 예언이 빗나갔다는 뜻으로서 하나님의 신실하심에 금이 가는 일이다.

여고냐는 실제로 아들을 낳았는가?

바벨론 포로 후 서신인 역대기서는 이렇게 기록하고 있다.

"사로잡혀 간 여고냐의 아들들은 그의 아들 스알디엘과 말기람과 브다야와

세낫살과 여가먀와 호사마와 느다뱌요"(대상 3:17-18).

여고냐는 바벨론에 포로로 잡혀가 일곱 아들을 낳았다. 스알디엘은 그의 맏아들로 불린다. 문제는 예레미야 선지자의 예언이다. 예레미야의 예언이 하나님에게서 온 것이라면 여고냐는 자녀를 낳지 못해야 한다. 그런데 그가 자녀를 낳았다. 어떻게 이 일이 가능한 것인가?

여고냐는 예레미야 선지자에게서 "자녀를 못 낳는다"는 저주를 받았다

예레미야 선지자는 여고냐가 자식을 낳지 못한다고 예언했다(렘 22:30). 그는 자녀를 낳지 못할 뿐 아니라 그의 자녀 가운데 다윗의 왕위에 앉아 유다를 다스릴 자가 없을 것이라는 저주를 받았다.

> "여호와께서 이와 같이 말씀하시니라 너희는 이 사람(여고냐)이 자식이 없겠고 그의 평생 동안 형통하지 못할 자라 기록하라 이는 그의 자손 중 형통하여 다윗의 왕위에 앉아 유다를 다스릴 사람이 다시는 없을 것임이라 하시니라"(렘 22:30).

그런데 여고냐는 바벨론에 포로로 잡혀간 후 일곱 아들을 낳았다. 하나님이 저주하신 말씀이 어떻게 풀렸는가?(이는 18장에서 살펴보았다.)

여고냐는 어떻게 자녀를 낳았는가?

여호야긴 왕은 8세에 즉위했다가 3개월 열흘 만에 바벨론에 포로로 잡혀갔다(대하 36:9). 아버지 여호야김 왕은 즉위 후 3년간 바벨론에게 충성하다가 배반했다. 바벨론의 느부갓네살 왕은 그를 포로로 잡아갔다. 이것은 할아버지 므낫세 왕의 죄와 여호야김이 무죄한 피를 흘린 때문이었다(왕하 24:1-4). 아버지 여호야김 왕이 포로로 잡혀가자 여호야긴이 여덟 살에 즉위했다. 그는 나이가 어렸음에도 아버지를 따라 여호와 보시기에 악을 행했다(왕하 24:9). 때문에 예레미야 선지자에게서 "자식이 없겠고"(렘 22:30)라는 저주를 받았다. 그런 그가 어떻게 일곱 명의 아들을 낳았는가?

하나님은 자신의 뜻을 변개할 권한이 있으시다. 그러나 지금은 심판의 때이므로 공의가 필요한 시점이다. 여고냐는 회복의 기회를 가졌는가? 하나님 보시기에 회복의 기회가 되었다면 다음 말씀을 생각해볼 수 있다.

> "그의 신복들이 에워쌀 때에 바벨론의 왕 느부갓네살도 그 성에 이르니 유다의 왕 여호야긴이 그의 어머니와 신복과 지도자들과 내시들과 함께 바벨론 왕에게 나아가매 왕이 잡으니 때는 바벨론의 왕 여덟째 해이라"(왕하 24:11-12).

신바벨로니아가 남유다를 공격하는 것은 하나님 심판의 일환이다. 여호야김 왕이 신바벨로니아를 배반한 것은 하나님을 대적한 것과 같다. 여고냐는 어렸음에도 아버지 여호야김을 따라 하나님 앞에서 악을 행했다. 그러나 그는 신바벨로니아의 느부갓네살 왕이 예루살렘에 이르자 자발적으로 항복했다. 여고냐가 느부갓네살 왕에게 항복한 것은 하나님의 회복을 받을 수 있는 기회가 될 수 있다. 인간적으로 보면 여고냐의 행위는 비겁하기 짝이 없지만 하나님께는 하나님의 심판에 항거하지 않고 순종한 의미가 될 수 있다. 여고냐는 저주가 풀리고 회복되어 '스알디엘'을 비롯한 일곱 아들을 낳았다.

스알디엘은 어떤 사람인가?

스알디엘은 '기도하다, 간청하다, 간구하다'라는 뜻을 가진 '샤알'(שָׁאַל)과 '전능자, 하나님'을 뜻하는 '엘'(אֵל)의 합성어로, '내가 하나님께 간구했다'는 뜻이다. 부친 여고냐(여호야긴)가 바벨론 포로로 끌려간 이후 태어났다(마 1:12).[1] 마태복음 족보에서는 스알디엘이 스룹바벨을 낳은 것으로 기록되어 있지만 엄밀히 말해 스룹바벨은 스알디엘의 조카다(대상 3:17-19). 스룹바벨이 스알디엘의 아들로 기술된 근거는 '후사 잇기 제도', 즉 형이 아들 없이 죽었을 때 동생이 형수를 대신 취하여 대를 이어갈 아들을 낳게 하는 제도(신 25:5-10)에서 찾을 수 있다. 스알디엘이 후사를 이을 아들 없이 죽자 그 동생 브다야가 형수를 맞이하여 형의 대를 이을 아들을 낳게 한 것이다. 또 다른 근거는 스알디엘이 아들이 없자 스룹바벨이 양자로 들어간 경우다. 그 이후 스룹바벨은 "스알디엘의 아들 스룹바벨"(스 3:2, 8; 5:2; 느 12:1; 학 1:1, 12, 14; 2:2, 23; 마 1:12)이라 불리게 되었다. '스룹바벨'과 같은 위대한 신앙의 사람을 그의 법적인 아들로 삼아주신 하나님의 역사를 감안할 때, 스알디엘의 삶은 그 이름의 뜻처럼 하나님께 간구하는 삶이었을 것으로 생각할 수 있다.

■

1 아버지 여호야김 왕이 재위 11년째 되던 해에 바벨론에 포로로 잡혀갔다. 여고냐(여호야긴)가 그때 왕으로 즉위해 3개월 10일을 다스렸다. 이것을 보면 바벨론이 2차 유다를 침공한 후 퇴각한 것이 아니라 머물렀는데, 그는 2차 때 아버지와 함께 포로로 잡혀간 것으로 보인다.

생각해 보기

1. 죄는 하나님의 저주를 불러온다. 내가 당하는 어려움 가운데 하나님의 저주라고 생각되는 것은 없는가?

2. 저주를 푸는 방법은 무엇이 있을까?

28장
스룹바벨은 하나님이 예비하신 정치 지도자다

12하 여고냐는 스알디엘을 낳고 스알디엘은 스룹바벨을 낳고.

예루살렘 성전이 파괴되다

족보의 문자적 표현으로는 볼 수 없지만 이스라엘 백성의 삶과 뗄 수 없는 관계를 가졌던 예루살렘 성전이 파괴되었다. 신바벨로니아는 성전 파괴와 더불어 성전의 기명들과 보물들 그리고 왕과 방백들의 모든 보물을 가져갔다. 성경은 이렇게 증언한다.

> "또 하나님의 전의 대소 그릇들과 여호와의 전의 보물과 왕과 방백들의 보물을 다 바벨론으로 가져가고 또 하나님의 전을 불사르며 예루살렘 성벽을 헐며 그들의 모든 궁실을 불사르며 그들의 모든 귀한 그릇들을 부수고 칼에서 살아 남은 자를 그가 바벨론으로 사로잡아가매 무리가 거기서 갈대아 왕과 그의 자손의 노예가 되어 바사국이 통치할 때까지 이르니라"(대하 36:18-20).

신바벨로니아가 유다를 공격하며 남긴 것이 거의 없었다. 그 중에서도 "여호와의 전의 보물과 방백들의 보물을 다 바벨론으로 가져가고 또 하나님의 전을 불사르며 예루살렘 성벽을 헐며 그들의 모든 궁실을 불사르며 그들의 모든 귀한 그릇들을 부수"었다.

우리는 앞 장에서 '스알디엘'이 어떤 사람인지 살펴보았다. 그는 여고냐 왕의 장남이다. 역대기 성경은 그가 일곱 자녀를 두었다고 기록하였다. 마태복음이 족보를 기록하며 "여고냐는 스알디엘을 낳고 스알디엘은 스룹바벨을 낳고"(마 1:12)라고 언급했다. 스알디엘은 스룹바벨을 낳지 않았지만, '하나님의 역사 재구성'이나 '후사 잇기 제도'를 통해 그를 아들로 등재했다. 스룹바벨의 이름이 족보에 기록된 것은 대단히 중요한 두 가지 의도와 목적이 있다.

신바벨로니아 포로생활에서도 소망은 있다

유다 민족은 자신들의 정신적 지주였던 예루살렘 성전이 불타버린 비극적인 상황을 맞았다. 왕족과 귀족 그리고 각 분야의 지도자 대부분이 포로로 잡혀갔다. 신바벨로니아의 인재등용 정책에 따라[1] 고위직에 올라 부귀영화를 누리며 산 사람들도 분명 있다. 그러나 경건한 신앙인들은 왜 하나님이 자신들을 버리셨는지 알려고 노력했다. 그들은 다시 율법을 읽으며 자신들을 돌아보았다. 그 결과 '613가지 계명'을 발견하는 결실을 얻었다. 또한 70년간 복역을 마치고 때가 차면 다시 약속의 땅으로 돌아갈 수 있다는 말씀도 발견했다.

1 다니엘과 그의 세 친구로 알려진 사람들의 이야기는 신바벨로니아의 인재등용 정책에서 나온 이야기다.

"여호와의 말씀이니라 칠십 년이 끝나면 내가 바벨론의 왕과 그의 나라와 갈대아인의 땅을 그 죄악으로 말미암아 벌하여 영원히 폐허가 되게 하되 내가 그 땅을 향하여 선언한 바 곧 예레미야가 모든 민족을 향하여 예언하고 이 책에 기록한 나의 모든 말을 그 땅에 임하게 하리라"(렘 25:12-13).

"여호와께서 이와 같이 말씀하시니라 바벨론에서 칠십 년이 차면 내가 너희를 돌보고 나의 선한 말을 너희에게 성취하여 너희를 이 곳으로 돌아오게 하리라"(렘 29:10).

율법을 지키지 않아 하나님의 심판을 받고 포로로 잡혀왔는데 다시 예언의 말씀에서 자신들의 소망을 찾을 수밖에 없다면 처음부터 말씀을 신뢰하고 지켜 행했으면 좋았을 것이다. 그러나 지금도 늦지 않았다. 지금이라도 약속의 말씀을 붙들고 꿈을 꾸며 인내로 기다려야 한다.

"우리가 바벨론의 여러 강변 거기에 앉아서 시온을 기억하며 울었도다 그 중의 버드나무에 우리가 우리의 수금을 걸었나니 이는 우리를 사로잡은 자가 거기서 우리에게 노래를 청하며 우리를 황폐하게 한 자가 기쁨을 청하고 자기들을 위하여 시온의 노래 중 하나를 노래하라 함이로다 우리가 이방 땅에서 어찌 여호와의 노래를 부를까 예루살렘아 내가 너를 잊을진대 내 오른손이 그의 재주를 잊을지로다"(시 137:1-5).

그들은 약속의 말씀을 붙들고 인내하며 기다렸다

70년 신바벨로니아 포로 생활을 잘 이끌 자는 누구이고, 때가 찼을 때 그들을 약속의 땅으로 인도할 자는 누구인가? 또한 그들의 생활은 성전 중심이 될 수밖에 없다. 그렇다면 불탄 성전은 누가 재건하게 될까?

스룹바벨은 누구인가?

스룹바벨은 위 두 질문을 동시에 충족시킨 인물이다. 스룹바벨은 다윗의 혈통을 지닌 자로서, 예수 그리스도의 직계 조상이다. 스룹바벨은 양자가 아니면 후사 잇기 제도로 스알디엘의 아들이 되었다. 주전 538년 페르시아의 왕 고레스가 칙령을 내려 유대인들을 귀환시킬 때 세스바살을 현지 이스라엘 총독에 임명했다. 세스바살은 바벨론 사람이 임명한 이스라엘 총독 스룹바벨에게 지어준 다른 이름이다. 고레스 왕이 파송한 이스라엘 사람의 대표로 행동할 때 공식적으로 그 이름을 쓴 것으로 보인다(스 1:8, 11; 5:14). 이스라엘 총독은 원칙적으로 페르시아 사람이 맡아야 한다. 스룹바벨은 고레스 왕에게서 신실한 정치지도자로 인정받아 이스라엘로 귀환하면서 페르시아 사람을 대신해 총독으로 임명받고 페르시아식 이름을 받은 것으로 보인다. 그는 고레스 왕에게서 유다가 멸망당할 때 강탈당했던 성전의 그릇과 보물들을 모두 돌려받았다.

> "바사 왕 고레스가 창고지기 미드르닷에게 명령하여 그 그릇들을 꺼내어 세어서 유다 총독 세스바살에게 넘겨주니 그 수는 금 접시가 서른 개요 은 접시가 천 개요 칼이 스물아홉 개요 금 대접이 서른 개요 그보다 못한 은 대접이 사백열 개요 그밖의 그릇이 천 개이니 금, 은 그릇이 모두 오천사백 개라 사로잡힌 자를 바벨론에서 예루살렘으로 데리고 갈 때에 세스바살이 그 그릇들을 다 가지고 갔더라"(스 1:8-11).

스룹바벨은 귀환할 때 백성을 인도한 자다

바벨론에 포로로 잡혀가 페르시아로 정권이 바뀐 후 초대 고레스 왕은 유대인들을 고토에 돌려보내는 칙령을 내렸다. 스룹바벨은 1차 귀환 때 대제사장 예수아와 더불어 49,897명의 백성들을 인도해 약속의 땅으로 돌아온 인물이다(스 2:1-64; 느 7:5-7). 스룹바벨은 정치 지도자로, 예수아는 종교 지도자로 연합해 백성들이 여호와 하나님을 경배하게 했다(스 3:1-9).

스룹바벨은 제2성전을 건축한 자다

고레스 왕은 세스바살을 유대 총독에 임명하고 귀환시킬 때 성전을 건축하라는 명령을 내렸다. 성전 건축과 더불어 필요한 모든 재료와 재정과 예물을 드릴 것을 명령했다.

> "이스라엘의 하나님은 참 신이시라 너희 중에 그의 백성 된 자는 다 유다 예루살렘으로 올라가서 이스라엘의 하나님 여호와의 성전을 건축하라 그는 예루살렘에 계신 하나님이시라 그 남아 있는 백성이 어느 곳에 머물러 살든지 그 곳 사람들이 마땅히 은과 금과 그 밖의 물건과 짐승으로 도와 주고 그 외에도 예루살렘에 세울 하나님의 성전을 위하여 예물을 기쁘게 드릴지니라 하였더라"(스 1:3-4).

스룹바벨은 귀환 후 BC 536년에 성전 재건 공사를 시작했지만 사마리아 사람들의 방해를 받았다. 우여곡절 끝에 BC 520년에 성전의 기초를 놓았다.

> "여호와의 말씀이 또 내게 임하여 이르시되 스룹바벨의 손이 이 성전의 기초를 놓았은즉 그의 손이 또한 그 일을 마치리라 하셨나니 만군의 여호와께서

나를 너희에게 보내신 줄을 네가 알리라 하셨느니라"(슥 4:8-9).

마침내 다리오 왕 아달월 삼 일(스 6:15)인 BC 515/6년에 성전을 완공했다. 우리는 이것을 스룹바벨 성전 혹은 제2성전이라 부른다. 하나님은 성전을 재건한 스룹바벨에게 학개 선지자를 통해 축복의 말씀을 주셨다.

"너는 유다 총독 스룹바벨에게 말하여 이르라 내가 하늘과 땅을 진동시킬 것이요 여러 왕국들의 보좌를 엎을 것이요 여러 나라의 세력을 멸할 것이요 그 병거들과 그 탄 자를 엎드러뜨리리니 말과 그 탄 자가 각각 그의 동료의 칼에 엎드러지리라 만군의 여호와가 말하노라 스알디엘의 아들 내 종 스룹바벨아 여호와가 말하노라 그 날에 내가 너를 세우고 너를 인장으로 삼으리니 이는 내가 너를 택하였음이니라 만군의 여호와의 말이니라 하시니라"(학 2:21-23).

포로에서 귀환했지만 성전이 없으므로 구심점이 없었다. 스룹바벨의 성전 건축은 단순히 성전 하나를 건축한 것에 머물지 않았다. 유대인들이 연합하게 했고, 그들에게 영적 비전을 심어주는 중대한 역할을 했다. 스룹바벨은 학개와 스가랴 선지자가 선포하는 말씀을 듣고 어려운 과제들을 해결하는 탁월한 정치 지도력을 발휘했다. 이것이 하나님이 마태복음 기자로 하여금 스룹바벨을 족보에 기록하게 하신 이유다.

생각해 보기

1. 최근에 절망이 희망으로 바뀐 것이 있는가?

2. 가정의 부모로서 좋은 지도자의 모습에는 어떤 것이 있는가?

29장

마리아의 남편 요셉은 예수의 아버지가 아니다

[16] 야곱은 마리아의 남편 요셉을 낳았으니.

지금까지는 아버지가 중요한 위치를 차지했다

"아브라함이 이삭을 낳고"(1:2)부터 "맛단은 야곱을 낳고"(1:15하)까지는 아버지가 족보의 주축이었다. 구약 성경이 남자를 중요한 위치에 놓았기에 마태복음 기자도 지금까지 그렇게 했다. 그런데 16절에 와서 "야곱이 요셉을 낳았다"고 해야 할 것을 "야곱은 마리아의 남편 요셉을 낳았으니"라고 파격을 취했다. 물론 이것이 마태복음 기자의 개인적인 견해가 아닌 것을 우리는 안다. 세상의 모든 자녀 탄생의 주체는 아버지이지만 메시아이신 예수님 탄생의 주체는 아버지가 될 수 없기 때문이다. 그렇다고 여자인 마리아가 주체인 것 같지만 그녀도 주체는 아니다.

마리아가 중요한 위치를 차지한다

마태복음 기자가 "야곱은 마리아의 남편 요셉을 낳았으니"라고 했기에 요셉은 아버지의 위치에서 밀려나고 마리아가 그 위치를 차지한 것으로 보인다. 이것을 가리켜 부권(父權)에서 모권(母權)으로 옮겨갔다고 한다. 그렇다면 어머니가 자녀 탄생의 주체가 된다는 것인데 그렇지 않다. 마리아는 메시아 탄생의 주체가 아니라 메시아 잉태를 위해 하나님께 선택받은 여인일 뿐이다.

메시아 예수는 처녀에게서 나셔야 한다

"야곱은 마리아의 남편 요셉을 낳았으니"는 부권이나 모권과 관련된 이야기가 아니다. 이 표현은 두 가지 의미를 가진다. 첫째, 야곱과 요셉의 관계다. 두 사람은 부자(父子) 관계에 있고 이것은 앞에서 언급한 계보 방식에 잘 어울린다. 둘째, 요셉과 마리아의 관계다. 두 사람은 부부관계로서 이것은 계보 방식에서 이탈한 표현이다. 요셉이 야곱의 아들이라는 사실만큼이나 마리아의 남편이라는 사실도 중요하다. 다시 말하면 예수 그리스도의 탄생에서 계보적으로 보면 야곱-요셉(부자)의 관계도 중요하지만 요셉-마리아(부부)의 관계도 중요하다는 것이다. 마태복음 기자는 파격을 취한 족보 방식으로 예수 그리스도의 탄생에서 마리아의 역할이 매우 크다는 것을 강조하고 있다. 왜냐하면 예수 그리스도는 여자에게서 나셔야 하기 때문이다(갈 4:4). 그러므로 마태는 "마리아에게서 그리스도라 칭하는 예수가 나시니라"(16하)고 덧붙였다. 여자(마리아)에게서 그리스도가 나시는 것은 구약의 예언을 성취하는 것이다(사 7:14). 그리스도는 여자의 후손이어야 한다(창 3:15).

생각해 보기

1. 위치(지위)는 항상 변한다. 나의 지위는 어떻게 변화되어왔는가?

2. 하나님의 약속 가운데 나를 통해 성취된 것에는 어떤 것들이 있는가?

30장
예수는 여자의 후손으로 이 땅에 오셨다

[16] 야곱은 마리아의 남편 요셉을 낳았으니 마리아에게서 그리스도라 칭하는 예수가 나시니라.

'Ιακὼβ δὲ ἐγέννησεν τὸν' Ιωσὴφ τὸν ἄνδρα Μαρίας, ἐξ ἧς ἐ-γεννήθη' Iησοῦς ὁ λεγόμενος Xριστός.

예수는 사람이시다

"마리아에게서"라는 표현은 여러 가지 내용을 함축하고 있다. 첫째, 예수 그리스도는 족보의 인물과 다를 바 없이 여자의 몸에서 나셨으므로 예수 그리스도는 실제 사람이라는 의미를 갖고 있다. 그분은 가공의 인물이 아니라 역사적으로 실존한 인물이시다. 둘째, "마리아가 예수를 낳았다"가 아니라 "마리아에게서 예수가 나셨다"인 것은 마리아는 여느 어머니처럼 권한을 행사하지 않았다는 의미다. 마리아가 스스로 무엇인가를 할 수 있는 권한이 없었음을 말해주고 있다. "마리아에게서"와 관련된 헬라어 원문을 볼 필요가 있다.

예수는 하나님이시다

"마리아에게서"는 "그리스도라 칭하는"과 "예수가 나시니라"와 연결되어 있다. 마리아가 주체가 될 수 없다는 것은 두 가지 헬라어 시제가 말해 준다.

첫째, "칭하는"(λεγόμενος, 레고메노스, 동분사 현재 수동형)이라는 동사가 능동형이 아니라 수동형이다. 수동형인데 분사 수동형이다. 이 말은 한 번 칭해지는 것으로 끝나지 않는다. 과거에도 그렇게 불렸고 미래도 그렇게 불릴 것을 의미한다. 마리아에게 자녀를 낳아 이름을 지을 권한이 없었다. 이미 그렇게 불리고 있는 자녀를 낳은 것이다.

둘째, "아브라함이 이삭을 낳다"에서부터 "야곱이 마리아의 남편 요셉을 낳았다"까지 "낳다"라는 동사는 모두 능동형이다. 그러나 "마리아에게서 그리스도라 칭하는 예수가 나시니라"에서는 능동형이 아니다. 여기서 "낳다"(ἐγεννήθη, 에겐네쎄, 동직설 과거 수동)는 수동형이다. 그러므로 마리아는 그리스도라 불린 예수의 탄생과 관련해 주체가 아니다. 누가복음에 언급된 것처럼 그녀는 예수를 잉태할 처녀로 하나님에게 선택받았다. 구약성경의 예언이 성취된 것이다(사 7:14).

예수는 하나님에게서 오셨다

16절에서 그리스도라 불린 예수가 태어나시는데 여기에는 주체가 없다. 그렇다면 누가 주체인지를 밝혀야 한다. 마태복음 기자는 족보는 족보대로 기록하고 후에 이것을 자세히 설명하는 방법을 선택했다. 마태복음 기자는 18-20절에서 그리스도라 불린 예수가 잉태된 것은 성령 하나님에 의해서인 것을 밝힌다. 그리스도 예수는 성령 하나님에 의해 잉태되셨고, 그리스도 예수의 탄생의 주체는 하나님 아버지시다. 그리스도 예수, 즉 메시아 예수는 사람이시며 동시에 하나님이시다.

예수는 여자의 후손으로 오셨다

족보는 거의 대부분 전통적인 방법을 따라 기록되었다. 그러나 마태복음은 여러 가지 형태로 전통적인 족보 기록 방법을 파괴했다. 그 가운데 하나가 여자들의 이름을 등장시킨 것이다. 여자들의 이름을 등장시킨 족보의 정상적인 표현은 다음과 같다.

"유다는 다말에게서 베레스와 세라를 낳았다. 살몬은 룻에게서 보아스를 낳았다. 보아스는 룻에게서 오벳을 낳았다. 다윗은 우리이아의 아내에게서 솔로몬을 낳았다."

그러나 16절을 보면 "요셉은 마리아에게서 예수라 하는 그리스도를 낳았다"고 기록하지 않고 "…마리아에게서 그리스도라 칭하는 예수가 나시니라"로 기록했다. 이에 대한 하나님의 의도와 목적은 무엇일까? 육적인 아버지 요셉이 있는데 왜 굳이 없는 것처럼 기록하셨을까?

> "내가 너로 여자와 원수가 되게 하고 네 후손도 여자의 후손과 원수가 되게 하리니 여자의 후손은 네 머리를 상하게 할 것이요 너는 그의 발꿈치를 상하게 할 것이니라 하시고"(창 3:15).

하나님은 아담과 하와가 죄를 지었을 때 그들을 유혹하여 죄를 짓게 한 뱀에게 형벌을 내리셨다. "여자의 후손"과 "뱀의 후손"이 전쟁을 하게 되고, 뱀의 후손은 여자의 후손의 발꿈치를 상하게 하나, 여자의 후손은 뱀의 후손의 머리를 상하게 한다고 예언하셨다. "마리아에게서 그리스도라 칭하는 예수가 나시니라"라는 표현은 바로 예수님이 "여자의 후손"으로 오셨으므로 창세기 3장 15절의 예언이 성취되었음을 말해주고 있다. 그렇다. 예수 그리스도는 여자의 후손으로 이 땅에 오셨다. 여자의 후손으로 오신 예수님과 뱀의 후손인 사탄은 이제 무엇을 해야 하는가? 영적인 전투를 해야 한다. 마태복음 2장부터 바로 이 영적 전투가 시작된다.

생각해 보기

1. 예수님은 사람이시고 동시에 하나님이시다. 어떤 생각이 드는가?

2. 예수님은 내게 어떤 모습으로 다가오시는가?

31장
400년 암흑을 깨시고 선포하신 첫 마디 "예수아는 메시아시다"

하나님이 표현하신 1절의 의도와 목적을 정확히 알기 위해 지금까지 2절에서 16절까지의 말씀을 먼저 살펴보았다. 왜냐하면 2절에서 16절은 1절을 설명하기 위한 구절들이기 때문이다. 지금까지 논한 글을 기초로 1절이 어떤 의미를 담고 있는지 살펴보기로 하자.

> [1] 아브라함과 다윗의 자손 예수 그리스도의 계보라.
>
> Βίβλος γενέσεως Ἰησοῦ Χριστοῦ υἱοῦ Δαυὶδ υἱοῦ Ἀβραάμ.
>
> 출생의 두루마리 예수 그리스도의 다윗의 아들 아브라함의 아들(직역)

1절에는 하나님의 비밀이 드러나 있다.
1절은 마태복음이 기록된 의도와 목적을 밝혀준다.
1절은 마태복음의 결론이고 대위임령으로 확장된다.

번역된 단어의 본래 뜻을 이해해야 한다

하나님이 1절을 기록하신 의도와 목적을 살펴보기 전에 먼저 용어를 분명히 이해해야 한다. BC 300년경 히브리어를 헬라어로 번역했다(LXX, 70인역). 이때 히브리어를 헬라어로 대체해야 하는 단어들이 아주 많았다. 예를 들면 구약의 족보(תּוֹלְדֹת, 톨레도트)를 헬라어로 어떻게 옮길까 고민하다가 "비블리오스 게네세오스"(Βίβλος γενέσεως)라고 옮겼다. 유대인들이 1절의 예수(᾽Ιησου, 예수스)와 그리스도(Χριστός, 크리스토스)라는 헬라어 표현을 들으면 "뭐! 뭐라고?"라고 되물을 수밖에 없다. 왜냐하면 구약 히브리어에서 말하는 '예수아'와 '마쉬아흐'와 전혀 연결이 안 되기 때문이다. 구약 히브리어를 대체할 용어로 헬라어가 선택한 단어를 다시 영어로 '지저스'(Jesus)라고 옮겼고, 그것을 한글로 '예수'라고 옮겼다. 우리는 문화적인 차이 때문에 어차피 그 차이점을 모른다 해도 히브리어를 사용한 유대인들은 다르다. 때문에 구약의 '예수'와 '그리스도'의 의미를 알고 사용해야 한다.

예수=예수아

하나님은 말라기 선지자의 계시 이후 400년 암흑기를 지난 첫 계시로 '예수 그리스도의 출생의 두루마리(족보)'라는 단어를 모든 독자의 눈에 들어오게 하셨다. 유대인들은 이 표현을 듣고 어떻게 반응했을까?

"누구의 족보를 말하는 것이지? 예수의 족보라고? 어떤 예수를 말하는 것인가? 우리가 알고 있는 그 예수 말인가? 그럼 볼 것도 없지. 덮어버려!"

유대인들이 헬라어로 차용되어 사용된 예수스(᾽Ιησου), 영역된 예수(Jesus)라는 단어를 보았다면 그들은 크게 실망했을 것이다. 왜냐하면 그들은 구약의 예수아에 인이 박혀 있기 때문이다. 그들이 알고 있는 예수는 거짓 선지자다.[1] 한글개정개역으로 모든 성도의 입에 익은 '예수'는 '예수아'라는 것을 알고 사용해야 한다. 왜냐하면 '예수아'는 구약성경의 '예호수아'라는 이름이 갖고 있는 '구원'이라는 의미를 포함하고 있는 귀하고 위대한 이름이기 때문이다.

그리스도=메시아

'그리스도'란 어떤 의미인가? 히브리어에 익숙한 사람들이 '그리스도'라는 단어를 들었을 때 어떤 의미를 떠올렸을까? '그리스도'(소유격)를 주격으로 읽으면 크리스토스(Χριστός)다. 크리스토스는 헬라어 크리오(Χρίω)[2]라는 동사에서 유래된 수유자(受油者)[3]라는 뜻이다. 70인역(LXX역)은 히브리어의 메시아(마쉬아흐)를 헬라어로 옮길 때 멧시아스(Μεσσίαζ)로 옮겼고, 이것을 후대에 비슷한 뜻을 가진 크리스토스(Χριστός)[4]로 대체했다.

유대인들이 크리스토스라는 단어를 듣거나 보았을 때 하나님이 전하려 하시는 의미를 정확하게 깨달았을까? 아마 그렇지 못했을 것이다. 그것은 하나님이 구약성경에서 말씀하신 메시아와 크리스토스가 연결되지 않기 때문이다. 설령 크리스토스가 크리오라는 의미를 가진 단어인 것을 알았다 해도 상황은 별반 달라지지 않았을 것이다. 왜냐하면 유대인들의 전통적인 사고방식에서 '기름을 붓는 의식'은 기름이 물 위에 뜨는 현상을 통해 기름부음 받는 자가 모든 사람의 머리 위에 있다는 것으로 이해했기 때문이다(장재일). 실제로 기름부음 받은 왕과 대제사장은 모든 백성의 머리 위

1 장재일 교수는 유대 종교인들이 예수(ישו)라고 할 때 "그는 거짓 선지자다. 그 이름은 모든 사람의 기억 속에서 사라져라!"는 의미로 사용한다고 했다.

2 크리오(Χρίω)는 '기름을 붓다'라는 뜻이다.

3 기름부음 받은 자라는 의미다.

4 헬라어 '크리스토스'(Χριστός)는 신적인 의식에서 '기름을 붓는 것'이라는 뜻이다.

에 존재했다. '크리스토스'는 구약에서 하나님이 선지자들을 통해 간절하게 알리려던 '메시아'인 것을 알고 사용해야 한다.

하나님은 마태복음 기자를 통해 '예수아'(예수)가 '메시아'(그리스도)이심을 알리려 하신다. 바로 그 "메시아 예수아가 출생한 두루마리", 즉 "구원자 예수가 출생한 두루마리"를 펼쳐 보이고 계신다.

전통적인 족보의 개념을 깨뜨리다

마태복음 기자는 족보를 기록하면서 유대인의 전통적인 족보 기록 방법을 그대로 사용하기도 했지만 때로는 파격을 취하기도 했다. 그렇게 파격을 취한 의도는 무엇일까? 그것을 통해 하나님은 무엇을 전달하시려는 것일까?

"족보(출생의 두루마리)! 그리스도 예수의"(Βίβλος γενέσεως Ἰησοῦ Χριστου)

1절은 2000년 역사를 한 문장으로 압축한 표현이다.[5] 여호와 하나님이 계획하셨던 일들을 2000년 동안 세상 역사 속에서 실행해오시다가 때가 되자 그것을 한 문장으로 표현하여 세상에 알리셨다. 하나님은 자신이 알리시려는 내용을 '예수 그리스도의 족보'에 담았고, 그 내용의 의미를 보다 정확하게 알리려고 '다윗의 아들, 아브라함의 아들'이라는 설명을 더하셨다. 어쩌면 그 의미가 오도되는 것을 막으시려고 그렇게 제한하셨다고 볼 수 있다. 하나님은 이 한 절을 통하여 무슨 말씀을 하고 싶으셨을까?

'족보'(Βίβλος γενέσεως, 비블로스 게네세오스)는 히브리어 '톨레도트'(תּוֹלְדָהָךְ)

■

5 아브라함의 등장이 아담과 하와의 죄로 인한 것이라 보았을 때 이는 4000년의 역사를 한 문장으로 압축한 것이다. 하나님이 아담과 하와의 타락 이후 인간을 위해 계획해오셨던 모든 내용을 이 표현 속에 다 담으셨다.

를 헬라어로 대체한 표현이다. 창세기는 총 10개의 톨레도트(תוֹלְדֹת)로 구성되어 있다.[6]

첫째, 창조의 대략(תוֹלְדוֹת, 톨레도트=족보)은 이러하다(창 2:4).

둘째, 이것이 아담의 족보를 적은 책이다(창 5:1).

…

열째, "야곱의 족보는 이러하니라"(창 37:2)로 끝난다. 창조를 다루는 것을 제외하면 나머지는 모두 '누구누구의 족보는 이러하다'이다. 시조가 언급되고 그 후손들의 이름이 기록되었다. 전통적인 족보 기록방법이다.

그러나 마태복음의 족보는 전통적인 시각으로 보면 이해가 되지 않는다. 정상적인 기록은 '아브라함이나 다윗의 족보라'로 시작해서 그들의 후손으로 '예수 그리스도'가 태어나셨다고 해야 한다. 그런데 마태복음은 예수 그리스도에게서 시작해 예수 그리스도로 끝난다.[7] 어떻게 맨 마지막에 태어나신 예수를 조상의 자리에 위치시킬 수 있는가? 이렇게 파격을 취한 하나님의 의도와 계획은 무엇일까? 히브리 문학의 특징 가운데 하나는 파격이 있을 때는 특별한 의미가 있다. 다윗의 아들, 아브라함의 아들의 의미를 먼저 찾아본 후 파격을 취한 의도와 목적을 알아보기로 하자.

다윗의 아들(υἱοῦ Δαυὶδ)

"아브라함과 다윗의 자손"[8]은 한글 번역의 순서다. 헬라어 본문은 다윗

■

6 창세기에 기록된 10개의 족보는 다음과 같다.

2:4-4:26; 5:1-6:8; 6:9-9:29; 10:1-11:9; 11:10-26; 11:27-25:11; 25:12-18; 25:19-35:29; 36:1-37:1; 37:2-50:26

7 하나님은 1절을 통해 자신의 의도와 목적을 다 표현하셨다. 2-16절은 1절을 확대해 그 의도와 목적을 보여주고 계신다.

의 아들, 아브라함의 아들 순이다. 헬라어 특성상 앞에 언급될수록 중요하다. 아브라함의 아들로서보다 다윗의 아들로서가 더 중요하다.

다윗은 언약의 왕이기에 반드시 족보에 언급되어야 한다

다윗은 하나님이 정하신 기준에 의해 선택되고 세워진 첫 번째 왕이기 때문에 반드시 족보에 있어야 한다(신 17:14-20). 하나님이 미래에 세워질 이스라엘 국가를 위해 선포하신 왕의 기준을 보라.

> "네가 네 하나님 여호와께서 네게 주시는 땅에 이르러 그 땅을 차지하고 거주할 때에 만일 우리도 우리 주위의 모든 민족들 같이 우리 위에 왕을 세워야겠다는 생각이 나거든 반드시 네 하나님 여호와께서 택하신 자를 네 위에 왕으로 세울 것이며 네 위에 왕을 세우려면 네 형제 중에서 한 사람을 할 것이요 네 형제 아닌 타국인을 네 위에 세우지 말 것이며 그는 병마를 많이 두지 말 것이요 병마를 많이 얻으려고 그 백성을 애굽으로 돌아가게 하지 말 것이니 이는 여호와께서 너희에게 이르시기를 너희가 이 후에는 그 길로 다시 돌아가지 말 것이라 하셨음이며 그에게 아내를 많이 두어 그의 마음이 미혹되게 하지 말 것이며 자기를 위하여 은금을 많이 쌓지 말 것이니라 그가 왕위에 오르거든 이 율법서의 등사본을 레위 사람 제사장 앞에서 책에 기록하여 평생에 자기 옆에 두고 읽어 그의 하나님 여호와 경외하기를 배우며

■

8 '아들'(υἱός, 휘오스)은 인간의 아들과 동식물의 소생을 포함하는 아주 광범위한 의미의 '아들'을 의미한다. 나아가 휘오스는 직접적인 부모가 아니더라도 조상들과 관련하여 일반적으로 '후손'(descendant)을 의미할 수도 있다. 휘오스는 속격과 더불어 어떤 사물이나 개념이 서로에게 의존되어 있거나 서로에게 소속되어 있음을 나타내기도 한다(예: 빛의 아들들, 어둠의 아들들 등). 한글개역개정 성경은 조상과 관련된 면을 강조하여 번역했다. 유대인들의 관습과 헬라어 속격으로 사용된 특성상 아들로 번역하는 것이 가장 자연스럽다.

이 율법의 모든 말과 이 규례를 지켜 행할 것이라 그리하면 그의 마음이 그의 형제 위에 교만하지 아니하고 이 명령에서 떠나 좌로나 우로나 치우치지 아니하리니 이스라엘 중에서 그와 그의 자손이 왕위에 있는 날이 장구하리라"(신 17:14-20).

'다윗의 아들'은 '왕이신 메시아 예수'가 오셨음을 선포하고 있다

하나님은 자신이 선택하여 세우신 왕 다윗이 마음에 드셔서 놀라운 약속을 하셨다.

"전에 내가 사사에게 명령하여 내 백성 이스라엘을 다스리던 때와 같지 아니하게 하고 너를 모든 원수에게서 벗어나 편히 쉬게 하리라 여호와가 또 네게 이르노니 여호와가 너를 위하여 집을 짓고 네 수한이 차서 네 조상들과 함께 누울 때에 내가 네 몸에서 날 네 씨를 네 뒤에 세워 그의 나라를 견고하게 하리라 그는 내 이름을 위하여 집을 건축할 것이요 나는 그의 나라 왕위를 영원히 견고하게 하리라 나는 그에게 아버지가 되고 그는 내게 아들이 되리니 그가 만일 죄를 범하면 내가 사람의 매와 인생의 채찍으로 징계하려니와 내가 네 앞에서 물러나게 한 사울에게서 내 은총을 빼앗은 것처럼 그에게서 빼앗지는 아니하리라 네 집과 네 나라가 내 앞에서 영원히 보전되고 네 왕위가 영원히 견고하리라 하셨다 하라"(삼하 7:11-16).

다윗이 받은 약속 가운데 '왕'으로서 한 나라를 이끌어 가리라는 하나님의 약속은 다윗과 그의 육적인 혈통에게 처음 주어진 것이 아니다. 그것은 하나님이 다윗이 속한 지파의 시조인 유다에게 이미 주셨던 것이다.

"유다야 너는 네 형제의 찬송이 될지라 네 손이 네 원수의 목을 잡을 것이요 네 아버지의 아들들이 네 앞에 절하리로다 유다는 사자 새끼로다 내 아들아 너는 움킨 것을 찢고 올라갔도다 그가 엎드리고 웅크림이 수사자 같고 암사자 같으니 누가 그를 범할 수 있으랴 규가 유다를 떠나지 아니하며 통치자의 지팡이가 그 발 사이에서 떠나지 아니하기를 실로가 오시기까지 이르리니 그에게 모든 백성이 복종하리로다"(창 49:8-10).

다윗은 유다 지파 후손이다. 하나님이 유다 지파를 통해 세우실 "규"(왕권)는 인간 왕에서 끝나지 않는다. "통치자의 지팡이"는 "실로"가 오시까지 계속되어야 한다. 다윗은 한 나라의 왕으로 세워졌고 그의 후손이 왕위를 계승했다. 사람이 다스리는 왕권은 "실로"가 오시기 직전에 끝난다.[9] 새로운 나라는 새로운 왕권으로 시작되어야 한다. 다윗과 그의 후손에 의한 왕권은 "실로"가 오시기 전까지 지속되었다.

"다윗의 아들"이라고 강조된 이유는 바로 여기에 있다. 하나님은 마태복음의 기자에게 "그리스도 예수의 족보라! 다윗의 아들"이라고 기록하게 하셨다. "그리스도 예수의 족보라! 다윗의 아들"은 하나님이 약속하셨던 "실로"가 오셨음을 알리는 하나님의 음성이다. 곧 "죄인을 그들의 죄에서 구원할 메시아(그리스도) 예수"가 오셨음을 알리고 계신다. 동시에 "다윗의 혈통이 다스리는 왕권"이 끝났음을 선포하고 있다.

■

9 신구약 중간기 400년이 여기에 해당할 것이다. 사람들이 생각하는 400년은 길다. 그러나 하나님의 시간 개념에서는 하루가 천 년, 천 년이 하루와 같다. 하나님은 이 400년 동안 국가적 개념에 익숙한 왕을 기다리는 그들에게 새로운 왕을 기대할 기회를 주신 것으로 보인다. 에스겔 36-37장이 그 증거로 보인다.

예수님은 처음부터 다윗의 육적인 혈통이 아니셨다

유대인들은 다윗의 후손이 이스라엘을 회복하고 다스리기를 학수고대했다. 그러나 하나님의 계획은 그렇지 않았다. 다윗과 그의 후손의 통치는 "실로"가 오시기까지다. 하나님은 다윗 왕을 통해 하나님이 다스리시는 나라가 어떤 것인가를 보여주셨다. 그러나 처음부터 그 나라는 영원할 수 없었기 때문에 "실로"까지로 한정하셨다. 이제 새로운 왕에 의해 새로운 통치가 이루어지는 나라가 건설될 것이다. 하나님은 이것을 이루시려고 다윗의 혈통으로 예수님을 보내지 않으셨다. 독생하신 하나님으로 보내셨다.

예수님(예수아)는 요셉의 아들로 태어나시지 않았다(마 1:16, 18–20). 이것을 알리기 위해 아버지가 아들을 "낳다"고 할 때 모든 "낳다"는 능동형으로 쓰였다(1:2–16상).

그러나 예수님(예수아)은 마리아의 몸을 이용했지만 성령으로 잉태되셨고(1:18), 하나님에 의해 태어나셨다('낳다'의 수동형 주체는 하나님이시다). 하나님에 의해 성령 하나님으로 말미암아 잉태된 예수님, 하나님에 의해 이 땅에 태어나신 예수님은 족보에 기록된 모든 아브라함의 후손들과 족보에 기록된 이방인들을 구원할 자이실 뿐만 아니라(1:2–16상) 모든 족속을 구원할 분이시다(마 28:19–20).

시므온은 예수님이 메시아로 오신 것을 알았던 유일한 사람이다

다윗의 아들의 통치가 어려워지면 어려워질수록, 멀어지면 멀어질수록 하나님께 가까이 나아가 그분의 뜻이 이루어지길 기다리는 남은 자들이 있다.[10] 하나님의 계시도 끊어졌고 선지자들의 출현도 없는 날들이 400여 년 동안 계속되었다. 그런 가운데도 진주처럼 남은 자가 있었다. 바로 "시므

온"(눅 2:25-32)이다. 그는 의롭고 경건한 사람으로서 암흑이 깊으면 깊을수록, 길면 길수록 하나님께 점점 더 가까이 나아간 진짜 신앙인이다. 그도 처음에는 혈통적인 다윗의 후손이 다스리는 나라가 되기를 소망했을 것이다. 그러나 하나님께 계속 가까이 나아가다보니 성령님이 그 위에 계셨다(동직설 미완료 능등). 성령님이 떠나지 않고 계속 그 위에 계셨다. 그러던 어느 날 성령님이 말씀하셨다.

"주의 그리스도를 보기 전에는 죽지 아니하리라"(눅 2:26).

그는 하나님의 계시를 통해 다윗의 혈통적인 아들로서 예수님이 '유대인의 왕'으로 오시는 것이 아니라 '주의 그리스도, 즉 통치자로서 죄에서 구원할 구원자'로 오실 것을 알았다. 만약 그가 "그리스도 예수의 족보라! 다윗의 아들"이라는 표현을 들었다면 어떻게 반응했을까? 그는 아마 덩실덩실 춤을 쳤을 것이다. 펄쩍펄쩍 뛰었을 것이다. 생각하면 할수록 감정이 북받쳐 올랐을 것이다. 눈물을 흘리며 감사했을 것이다. 어떤 유대인도 그것을 깨닫지 못했지만 성령이 함께하셨던 그는 하나님의 계시로 이 사실을 알고 있었다.

하나님과 교통이 없는 사람들은 '다윗의 아들'이라는 표현을 듣고서 혈통적으로 다윗의 후손이 통치하는 국가가 세워질 것을 기대했다. 그러나 성령님과 교통한 시므온은 혈통적인 다윗의 아들이 통치하는 국가가 아니라 법적인 다윗의 아들로 '그리스도'가 오셔서 '주의 그리스도'가 통치하는

■

10 '남은 자' 사상은 이사야 선지자가 언급하기 시작했고(사 10:20-23), 이후 많은 선지자가 이 사상을 언급했다.

나라를 기다렸다. 즉, 자신을 구원할 그리스도, 자신의 가족을 구원할 그리스도, 자신의 민족을 구원할 그리스도를 말이다. 그리고 구원 이후 계속 통치하실 그리스도가 '다윗의 아들'로 오신 그리스도인 것을 계시를 받아 알았다.

아브라함의 아들(υἱοῦ' Ἀβραάμ)

"족보! 예수 그리스도의, 아브라함의 아들"에서 '아브라함의 아들'은 무엇을 기대하게 하는가? 하나님은 아브라함과 언약을 맺으셨다.

> "여호와께서 아브람에게 이르시되 너는 너의 고향과 친척과 아버지의 집을 떠나 내가 네게 보여 줄 땅으로 가라 내가 너로 큰 민족을 이루고 네게 복을 주어 네 이름을 창대하게 하리니 너는 복이 될지라 너를 축복하는 자에게는 내가 복을 내리고 너를 저주하는 자에게는 내가 저주하리니 땅의 모든 족속이 너로 말미암아 복을 얻을 것이라 하신지라 이에 아브람이 여호와의 말씀을 따라갔고 롯도 그와 함께 갔으며 아브람이 하란을 떠날 때에 칠십오 세였더라"(창 12:1-4).

첫 번째, 두 번째 언약은 성취되었다.

첫 번째 복은 출애굽과 더불어 성취된 것으로 볼 수 있다. 하나님은 처음에 큰 민족이 살 땅에 대해 말씀하시지 않았다. 롯과 이별한 후 하나님과 아브라함은 아들(후사) 문제로 크게 논쟁했다. 그 후 큰 민족과 땅이 통합되어 제시된다(창 15:9-21). 그리고 땅을 주시는 시기를 언급하셨다(400년 후). 그러나 이집트에서 탈출한 후 여호수아의 정복 전쟁과 사사들의 통치 시대에 이르기까지 그 어느 때에도 약속은 성취되지 않았다. 그들이 하나님의 약속을 전적으로 신뢰하지 않았고, 하나님이 제시하신 방안을 지키지 않았기 때문이다. 이 약속의 말씀은 다윗 시대에 성취되었다. 다음 지도를 참고하라.

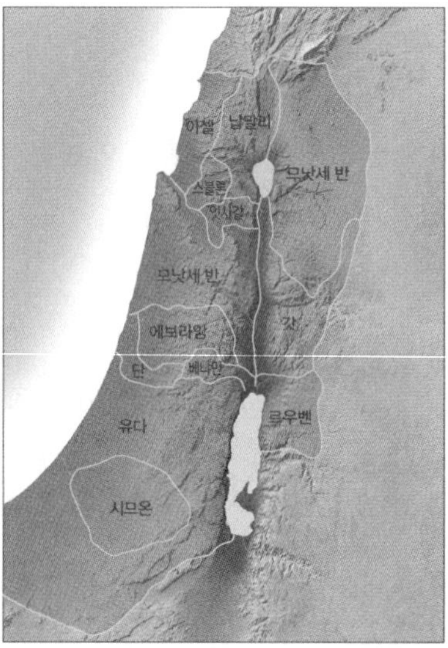

■ 믿음으로 분배된 땅의 영역

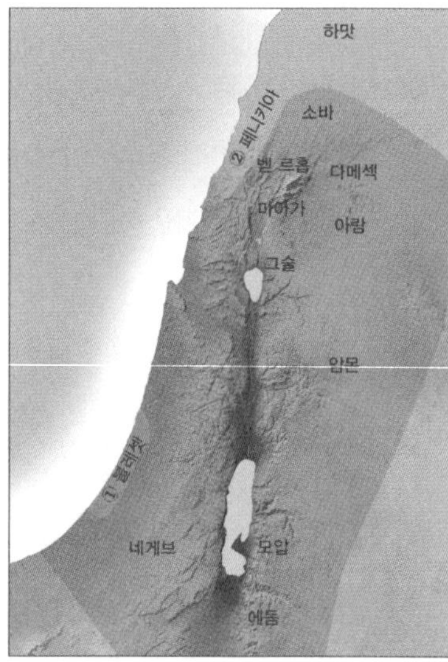

■ 다윗이 정복한 땅의 영역

기업이 분배된 땅(지도 왼쪽)과 다윗 시대에 정복한 땅(지도 오른쪽)을 보면 ①과 ②를 제외하고는 여호수아가 각 지파에 분배했던 모든 땅을 다윗이 정복한 것을 알 수 있다. 팔레스타인 땅 서쪽 남부 블레셋, 서쪽 북부 페니키아 땅이 정복되지 않은 채로 남아있다. 다윗 시대에도 이 두 지역은 정복되지 않았는가? 그렇다면 하나님이 아브라함에게 약속하신 땅은 말로만 선포되었을 뿐[11] 실제로 성취된 적은 없는가? 아니다. 그것은 다윗 시대에 성취된 것으로 보인다. 다윗은 블레셋을 평정했다(대상 18-19장). 다윗 시대에 페니키아는 이미 이스라엘의 일부로 보인다.[12] 때문에 아브라함이 받은 땅에 대한 언약이 다윗 시대에 성취된 것으로 볼 수 있다.

아브라함의 이름이 창대하게 된 것은 그의 아내 사라가 죽은 후 매장지 문제가 불거졌을 때 이미 나타난다. 헷 족속들은 아브라함을 다음과 같이 지칭했다. "내 주여 들으소서 당신은 우리 가운데 있는 하나님이 세우신 지도자이시니"(창 23:6). 아브라함이 이집트로 내려갔을 때 하나님은 바로 앞에서 그의 이름을 높여주셨다(창 12:17-20). 아브라함은 포로로 잡혀간 롯을 구출하고, 고대 바벨로니아 5개 연합국에게 승리했는데, 이를 통해 하나님은 아브라함의 이름을 높여주셨다(창 14장).

세 번째 언약은 성취되지 않았다

세 번째 복은 과연 어떤 형태로 그 모습이 드러나야 할까? 가장 중요한 것은 주변 사람들이 하나님을 알게 되는 것이다. 하나님을 알고 하나님을 섬기며 하나님께 영광을 돌리는 삶이다. 이는 한 개인의 이름이 창대해지는 것과 한 국가의 흥망성쇠와는 근본적으로 다르다. 하나님은 아브라함과 맺으신 약속을 아브라함에게만 국한하시지 않았다. 이삭과 그의 후손들에게 위임하셨다. 하나님이 아브라함의 아들 이삭과 맺으신 언약을 영원한 언약이라고 하셨다(창 17:19). 이 영원한 언약이 400년 동안(신구약 중간기) 하나님의 자녀들이 지은 죄 때문에 수면 아래로 완전히 잠겼다. 하나님이 예수 그리스도를 "아브라함의 아들"이라고 묘사하신 것은 세 번째 언약인 "너는 복이다"라는 영원한 언약을 성취하실 계획을 보여주는 것이다.

■

11 여호수아는 기업을 분배하면서 가나안 땅 전부를 정복했다고 선언한다(수 23:43-45). 그러나 이것은 믿음의 선포이지 실제로 약속의 땅이 다 정복된 것은 아니다.

12 페니키아 두로의 히람 왕은 다윗 때, 솔로몬 왕이 성전을 지을 때 많이 협력했다. 형제국가처럼 지냈다고 볼 수 있다.

"족보 예수 그리스도의, 다윗의 아들, 아브라함의 아들"의 의미[13]

'다윗의 아들'은 예수님이 다윗의 아들로서 이스라엘을 독립국가로 회복하실 것을 기대하게 한다. 그러나 '예수'의 정체성이 그 이름 속에도 들어있지만 '그리스도'(메시아)로 제한되고 있다. 즉, '다윗의 아들 예수 그리스도'는 '예수는 다윗의 아들로서 메시아인데 영토적인 나라를 통치할 자가 아니라 죄에서 구원할 자'이심을 밝히고 있다. 그렇다! '다윗의 아들 예수'는 분명 통치자시다. 그러나 한 국가를 통치하는 분이 아니시다. '죄에서 구원받은 하나님의 자녀들을 통치할 분'이시다.

그 '예수 그리스도'는 '아브라함의 아들'이라는 표현 때문에 보다 선명한 정체성이 드러난다. '아브라함의 아들 예수 그리스도'는 '복의 근원이신 예수 그리스도'를 의미한다. 하나님이 아브라함에게 약속하셨던 복은 '죄에서 구원받는 복'이다. '죄에서 구원'받지 못하면 복은 없다. 죽음의 저주 아래서 마귀의 종노릇하며 영원토록 살 것이기 때문이다. '죄에서 구원'받는 것이 근원적인 복인 것이다. 하나님은 아브라함을 통해 이 복의 맛을 조금 보여주셨고, 예수 그리스도를 통해 완전한 계시를 드러내고 계신다. '죄에서 구원받는 복'보다 더 큰 복은 없다.

다윗 언약과 아브라함 언약은 모형이다

하나님은 왜 전통적인 족보 기록 방법을 뒤집어 마지막 후손을 조상의 자리에 세우셨을까? 예수 그리스도로부터 시작하는 족보라고 기록하신 이유는 무엇일까? 다윗을 통해 약속된 왕, 그 왕의 혈통적 후손이 세워져 영원히 통치하는 나라는 처음부터 불가능한 것이었다. 그것은 겉으로 드러

■

13 " , "는 편의상 확연하게 구분하기 위한 것이다.

난 문자적 의미일 뿐이었다. 다윗과 그의 후손으로 세워질 왕들은 누군가의 모형일 뿐이다.

"너는 복이다"라고 아브라함에게 약속하신 것도 아브라함을 통해 미미한 영향력을 드러낼 뿐, 또한 그의 후손을 통해서도 맛만 보여줄 뿐 완전하게 줄 수 없는 복이었다. 그 복도 누군가에 의해 시작되어야 할 예표에 불과하다.

족보를 파격적으로 기록한 분명한 의도와 목적이 있다

족보가 기록된 의도와 목적은 다양하게 해석된다. 마태복음의 족보는 마태복음이 전하려는 내용을 압축하고 있다. 동시에 마태복음의 족보는 여호와 하나님이 구약에서 예언하고 준비하신 메시아가 바로 예수 그리스도이심을 드러내고 있다(정우홍). 아브라함의 자손임을 언급하는 것은 하나님이 아브라함과 언약을 맺으면서 "땅의 모든 족속이 복을 얻게 될 것"이라고 하셨는데, 이 약속이 아브라함의 자손인 예수 그리스도를 통해 이루어지고 있음을 선포하고 있다(전경연). 마태복음 저자는 아브라함이나 다윗의 계보가 예수 그리스도로 말미암아 의미가 부여되고 있음을 말하고 있다(Keener).

나는 하나님이 마태복음 기자를 통해 "예수 그리스도의 족보라"고 선포하신 것은 다윗에게 약속하신 "그 왕, 그 영원한 나라", 또한 아브라함에게 약속하신 "너는 복이다"를 성취할 이가 "예수 그리스도"이심을 말씀하고 있다고 본다.

'예수'는 눈에 보이는 나라를 통치할 다윗의 아들이 아니라 법적인 다윗의 아들인 메시아로서 죄의 노예가 되어 참 복을 누리지 못하고 마귀의 저주 아래 사는 자들을 구원할 복을 선물하는 분이시다. '예수'는 그들을 이 땅에서 왕권으로 통치하시고 천국으로 이끌어 영원히 통치할 주시다. 하나님은 이것을 말씀하시려고 전통적인 족보 방식을 파괴하고 마지막에 태어난 자손을 족보의 시조에 두셨다.

'그리스도 예수' 그 왕으로 인해 하나님의 언약은 온전히 성취된다. 그 왕으로 인해 보이지 않는 하나님의 통치는 시작되고 영원히 지속된다. 그 왕으로 인해 복은 아브라함과 그의 후손들과 족보에 기록된 이방 여인들에게 주어졌다. 그리고 제자 될 모든 족속에게도 주어질 것이다. 이 복은 직접적인 실체가 드러나고 나누어질 것이다.[14] 마태복음이 기록된 목적이 이 때문이다.

서론 해석은 결론으로 입증된다[15]

마태복음 1장 1절은 28장 19-20절을 향해 나아가고 있다. 즉, 서론에서 선포된 메시지가가 결론을 통해 확증된다. 예수는 죄인을 구원할 영원한 왕이시고 그 구원한 성도를 개인적으로 또 영적 공동체로 영원히 통치할 주시다. 그것이 아브라함을 통해 약속하신 복이다(1절, 서론). 예수님은 모든 족속에게서 이 복이 이루어지길 원하신다(마 28:19-20, 결론).

육의 눈으로는 보이지 않는 왕, 보이지 않는 영원한 나라를 통치할 '예수'지만 속사람의 눈으로는 너무나 분명하게 보이는 왕, 선명하게 보이는 영원한 나라를 세우기 위해 독생한 하나님이신 '예수 그리스도'가 이 땅에 오셨다. 그분은 복 중의 복인 '죄로부터 구원의 복'을 주실 유일한 왕이시

14 이 사실은 마태복음 1장 18-25절에서 다시 입증될 것이다. 그리고 이 말씀은 마태복음을 통해 입증되고 그분의 사랑하는 제자들에게 위임되어 온 천하 온 땅으로 전파되어야 한다.

15 서론은 족보(마 1:1-17)를 말하고, 결론은 대위임령(마 28:19-20)을 말한다.

다. 마태복음은 이 사실에서 시작해 이 사실을 이루기 위해 선포하는 대위위임령(마 28:19-20)으로 끝을 맺는다.

유대인들은 실패했다

그러나 유대인들은 이 사실을 깨닫지 못했다. 그들은 메시아가 와서 로마의 권세를 물리치고 그 군대를 구축하여 예루살렘을 거성(居城)으로 삼아 천하를 호령하여, 세계 열방들이 모두 공물(貢物)을 바치게 될 것이라 생각했다. 그리스도가 오시자 그들은 그토록 기다리던 메시아라고 환영했다. 일반 백성들은 종교지도자들의 눈치를 보면서까지 세례를 받고 예수님을 따랐다. 그들은 예수님의 공생애 기간 동안 줄곧 따라다녔다. 그들은 예수님이 십자가를 지시기 위해 예루살렘에 입성하실 때는 더욱 열렬히 환영했다. 그들의 환영 소리를 들어보자.

> "무리의 대다수는 그들의 겉옷을 길에 펴고 다른 이들은 나뭇가지를 베어 길에 펴고 앞에서 가고 뒤에서 따르는 무리가 소리 높여 이르되 호산나 다윗의 자손이여 찬송하리로다 주의 이름으로 오시는 이여 가장 높은 곳에서 호산나 하더라"(마 21:8-9).

그러나 예수님은 그들이 요구하는 물질적, 속세적 관념에 반대하시며 영적 왕국의 건설을 전도하셨다. 그러자 그들은 크게 실망하고 마침내 그분을 십자가에 못 박아 죽였다.

오늘날도 마찬가지다. 하나님이 예수 그리스도를 통해 이루신 이 사실을 깨닫지 못하면 보이는 교회에 집착하게 된다. 개인 신앙생활의 목적도 눈에 보이는 것들에 집착하게 된다. 속사람의 눈을 열어 보라! 하나님 나라가 보이고, 마지막 재림의 때를 준비하시는 것이 보이며, 그것을 맞이하기 위해 복음을 전해야 하고, 자신을 성결케 하여 신랑 되신 그리스도의 신부로 준비되어야 하는 사실이 보일 것이다.

생각해 보기

1. 나는 죄 용서함을 받았는가? 특히 어떤 죄를 용서받았는가?

2. 죄를 용서받았으면 더는 그 죄를 짓지 않거나 최소한 그 죄와 싸워야 하지 않을까?

3. 죄와 싸우는 가장 현명한 방법은 무엇일까?

32장

결론: 1장 1절의 열매는 28장 18-20절이다

마태복음 1:1

아브라함과 다윗의 자손 예수 그리스도의 계보라.

마태복음 28:18-20

예수께서 나아와 말씀하여 이르시되 하늘과 땅의 모든 권세를 내게 주셨으니 그러므로 너희는 가서 모든 민족을 제자로 삼아 아버지와 아들과 성령의 이름으로 세례를 베풀고 내가 너희에게 분부한 모든 것을 가르쳐 지키게 하라 볼지어다 내가 세상 끝날까지 너희와 항상 함께 있으리라 하시니라.

1절이 기록된 의도와 목적

'다윗의 아들 예수'는 죄에서 구원받는 자녀들을 통치할 메시아시다

'다윗의 아들'은 예수님이 다윗의 아들로서 이스라엘을 독립국가로 회복하실 것을 기대하게 한다. 그러나 '예수'의 정체성이 그 이름 속에도 들어 있지만 '그리스도'(메시아)로 제한받고 있다. 즉, '다윗의 아들 예수 그리스도'는 '예수는 다윗의 아들로서 메시아인데 영토적인 나라를 통치할 자가 아니라 죄에서 구원할 자'이심을 밝히고 있다. '다윗의 아들 예수'는 분명히 통치자시다. 그러나 한 국가를 통치하는 분이 아니시다. '죄에서 구원받은 하나님의 자녀들을 통치할 분'이시다.

'아브라함의 아들 예수'는 죄에서 구원받는 복을 나누어주실 메시아시다

'예수 그리스도'는 '아브라함의 아들'이라는 표현으로 보다 선명한 정체성이 드러난다. '아브라함의 아들 예수 그리스도'는 '복의 근원이신 예수 그리스도'를 의미한다. 하나님이 아브라함에게 약속하셨던 복은 '죄에서 구원받는 복'이다. '죄에서 구원'받지 못하면 복은 없다. 죽음의 저주 아래에서 마귀의 종노릇하며 영원토록 살 것이기 때문이다. '죄에서 구원'받는 것이 근원적인 복이다. 하나님은 아브라함을 통해 이 복의 맛을 조금 보여주셨고, 예수 그리스도를 통해 완전한 계시를 드러내신다. '죄에서 구원받는 복'보다 더 큰 복은 없다.

'다윗과 아브라함의 아들 예수'는 하나님의 통치를 이루실 메시아시다

하나님이 마태복음 기자를 통해 "다윗과 아브라함의 아들 예수 그리스도의 족보라"고 선포하신 것은 다윗에게 약속하신 "그 왕, 그 영원한 나라", 아브라함에게 약속하신 "너는 복이다"를 성취할 이가 "예수 그리스도"이심을 말씀하고 있다.

예수님을 족보의 시조에 두신 것은 족보에 기록된 이름들의 메시아이심을 선포하는 것이다.

'예수'는 눈에 보이는 나라를 통치할 다윗의 아들이 아니라 법적으로 다윗의 아들인 메시아로서, 죄의 노예가 되어 참된 복을 누리지 못하고 마귀의 저주 아래에 사는 자들에게 구원이라는 복을 선물하시는 분이다. '예수'는 그들을 이 땅에서 왕권으로 통치하시고 천국으로 이끌어 영원히 통치할 주시다. 그분은 아브라함의 메시아시고, 다윗의 메시아시며, 족보에 기록된 구원에 참여한 모든 이름의 메시아시다. 하나님은 이것을 말씀하시려고 전통적인 족보 방식을 파괴하시고 마지막에 태어난 자손을 족보의 시조에 두셨다.

마태복음 1장 12-16절은 1절을 확장한 내용이다. 즉, 1절은 12-16절의 내용을 함축하고 있다. 18-25절은 16절의 "그리스도라 칭하는 예수가 나시니라"에서 "칭하다"가 수동형, "나시다"도 수동형으로 기록되어 예수를 낳은 주체가 누구인가를 설명하기 위해 등장하는 해설서다. 동시에 그 예수가 구약에 예언되었던 임마누엘이심을 확인하고 있다.

이제 서론이라고 부르는 족보가 마태복음의 마지막 결론으로 언급되는 대위임령과 어떤 관계에 있는지 정리할 때다. '그리스도 예수' 그 왕으로 인해 하나님의 언약은 온전히 성취된다. 그 왕으로 인해 보이지 않는 하나님의 동치가 시작되고 영원히 지속된다. 그 왕으로 인해 아브라함과 그의 후손들과 족보에 기록된 이방 여인들에게 복이 주어졌다. 그리고 제자 될 모든 족속에게도 주어질 것이다. 이 복은 직접적으로 실체가 드러나고 나누어질 것이다.[1] 이것이 마태복음이 기록된 목적이다.

■

1 이 사실은 마태복음 1장 18-25절에서 다시 입증될 것이다. 그리고 이 말씀은 마태복음을 통해 입증되고 그의 사랑하는 제자들에게 위임되어 온 천하 온 땅으로 전파되어야 한다.

1절은 28장 18-20절을 낳았다

다윗의 아들로서, 아브라함의 아들로서 마태복음 족보에 기록된 모든 이름의 구원자이신 예수 그리스도는 메시아시다. 그분의 역할은 족보에 기록된 인물들로 한정되지 않는다. 예수님의 제자들이 온 땅을 향해 나아가 죽어가는 영혼들을 제자 삼고, 아버지와 아들과 성령의 이름으로 세례를 주며, 예수님이 가르치신 것을 가르치고, 지키라고 명령하신 것을 지키게 할 때 예수님은 아버지 하나님에게서 받으신 하늘과 땅의 권세를 그 제자들에게 위임하시고, 그들과 영원히 함께하신다. 예수 그리스도의 메시아이심은 이렇게 온 열방을 향해 전파되었다. 이제 마지막 남은 종족들을 향해 예수 그리스도는 메시아이심을 전해야 한다. 그러면 주 예수님이 곧 오실 것이다.

생각해 보기

1. 1장 1절과 28장 18-20절의 관계를 이야기해보자.

2. 나는 메시아이신 예수 그리스도를 전해야 할 제자다. 제자의 사명을 충실히 감당하기 위한 계획을 세워보자.

4부

예수: 탄생의 비밀
예수: 자기 백성을 그들의 죄에서 구원할 자
예수: 구약에 예언된 임마누엘

“예수 그리스도의 나심은 이러하니라 그의 어머니 마리아가 요셉과 약혼하고 동거하기 전에 성령으로 잉태된 것이 나타났더니 그의 남편 요셉은 의로운 사람이라 그를 드러내지 아니하고 가만히 끊고자 하여 이 일을 생각할 때에 주의 사자가 현몽하여 이르되 다윗의 자손 요셉아 네 아내 마리아 데려오기를 무서워하지 말라 그에게 잉태된 자는 성령으로 된 것이라 아들을 낳으리니 이름을 예수라 하라 이는 그가 자기 백성을 그들의 죄에서 구원할 자이심이라 하니라 이 모든 일이 된 것은 주께서 선지자로 하신 말씀을 이루려 하심이니 이르시되 보라 처녀가 잉태하여 아들을 낳을 것이요 그의 이름은 임마누엘이라 하리라 하셨으니 이를 번역한즉 하나님이 우리와 함께 계시다 함이라 요셉이 잠에서 깨어 일어나 주의 사자의 분부대로 행하여 그의 아내를 데려왔으나 아들을 낳기까지 동침하지 아니하더니 낳으매 이름을 예수라 하니라(마 1:18-25).”

33장

하나님이 예수님을 잉태하게 하시고 탄생하게 하셨다

18 예수 그리스도의 나심은 이러하니라 그의 어머니 마리아가 요셉과 약혼하
고 동거하기 전에 성령으로 잉태된 것이 나타났더니.
19 그의 남편 요셉은 의로운 사람이라 그를 드러내지 아니하고 가만히 끊고
자 하여.
20 이 일을 생각할 때에 주의 사자가 현몽하여 이르되 다윗의 자손 요셉아 네
아내 마리아 데려오기를 무서워하지 말라 그에게 잉태된 자는 성령으로
된 것이라.

"아브라함이 이삭을 낳고"(마 1:2)에서 시작하여 "야곱은 마리아의 남편 요셉을 낳았으니"(마 1:16상)까지 모든 "낳다"는 능동형으로 쓰였다. 그러나 "마리아에게서 그리스도 칭하는 예수가 나시니라"에서 "낳다"는 수동형으로 쓰였다. "낳다"가 능동형으로 사용될 때 주어는 모두 아버지였다. 그러나 "낳다"가 수동형으로 사용되었을 때는 주어를 밝히지 않았다. 누구에 의해 태어난 것인가? 이 수동형 문장에 등장하는 요셉이나 마리아는 그 주

인공이 아니다. 도대체 누가 주도한 것인가? 이 본문(18-20절)은 바로 그것에 대한 답으로 기록되었다.

1-17절이 2000년 역사를 압축하면서 예수 그리스도의 탄생이 구약 예언에 기초하고 있음을 밝혔다면, 본문은 그 예언적 언약이 어떻게 성취되었는지를 보여준다. 결코 간과해서 안 되는 것은 예수 그리스도의 탄생이 다윗의 언약, 아브라함의 언약, 이사야 선지자의 예언에 기초하지만 그 이상의 의미를 내포하고 있다는 것이다.

요셉과 마리아는 약혼한 사이였지만 그들은 부부였다

이스라엘의 약혼 제도는 우리와 다르다. 약혼(μνηστεύω, 므네스튜오)은 결혼을 위한 약속이 아니라 결혼의 첫 단계다(Garland). 때문에 약혼은 곧 법적으로 부부와 동일한 효력을 가졌다. 약혼 기간은 약 1년이다. 이 기간 동안 남편 될 사람은 신부를 데려와 살 집과 결혼 지참금과 그 밖에 여러 가지 결혼 생활에 필요한 것들을 준비했고, 신부될 사람은 자신의 몸과 마음을 정결히 지켜 신랑과 함께할 날을 기다렸다. 약혼 기간이 지나면 남편의 집으로 가 결혼식을 거행한다. 약혼 후 약 1년간 떨어져 살지만 서로에게 부부로서의 책임이 따르기에 본문의 말씀도 "약혼하고 동거하기 전"이라는 표현을 썼다. 이 모든 것을 뒷받침하는 증거는 본문 속에 기록되어 있다. 천사가 요셉에게 나타나서 마리아가 잉태하게 된 과정을 설명하고 그들 두 사람의 관계를 "네 아내 마리아 데려오기를 무서워하지 말라"(20절)고 정의했다. 그들은 약혼한 사이지만 부부였다.

신랑은 준비하고 신부는 신랑을 기다리는 기간이다

1년이라는 정혼 기간을 둔 이유 가운데 하나는 신랑이 신부를 데려오기 위해 여러 가지 준비를 하기 위해서다. 다른 하나는 신랑이 자신을 데리러 올 날을 기다리며 신부가 순결을 지킨다는 의미가 있다. 신부가 그 기간 중 임신을 하거나 간음한 사실이 드러나면 돌로 쳐 죽임을 당했다. 때문에 당시 약혼녀들이 이 기간 동안 어떤 태도와 마음으로 지냈을지 알 수 있다. 자칫 잘못하다가는 돌에 맞아 죽을 수도 있는 기간이었다. 이 시기는 이미 결혼했지만 아직 완전히 결혼한 것은 아닌 그런 기간이다. 우리가 아는 바처럼 '이미'(already)와 '아직'(yet) 사이의 기간이다. 마치 약혼한 여인을 테스트하는 것과 같은 인상을 준다.

예수님은 준비하시고 성도는 기다리는 기간이다

하나님은 언뜻 비합리적인 것 같은 이러한 제도를 왜 이스라엘에 두셨을까? 하나님은 왜 하필 마리아와 아기 예수의 위험을 무릅쓰고 정혼 기간에 성령으로 잉태하게 하셨을까? 한번 깊이 생각해보자. 성경의 많은 부분은 예수님과 성도를 신랑과 신부로 비유한다. 그것이 이 약혼 제도를 푸는 실마리다. 1년의 정혼 기간은 예수님의 제자로서 한 번뿐인 인생을 의미한다. 즉, 신랑인 예수님과 신부인 교회가 서로 간에 맺은 언약 기간인 것이다. 예수님은 제자들에게 "내가 너희를 위하여 거처를 예비하러 가노니"(요 14:2)라고 하셨고, 또 "거처를 예비하면 내가 다시 와서 너희를 내게로 영접하여 나 있는 곳에 너희도 있게 하리라"(요 14:3)고 하셨다. 예수님은 신부인 성도가 준비할 거처를 마련하고 계신다. 신부인 성도는 신랑 되신 예수님이 다시 오실 때까지 영적 순결을 지키면서 다시 오실 주님을 기다려야 한다. 약혼과 결혼 제도는 다시 오실 신랑 예수님과 그분을 맞이할 성도의 모형으로 볼 수 있다.

예수님은 성령으로 잉태되셨다

"마리아에게서 그리스도라 칭하는 예수가 나시니라"(1:16하)에서 "나시니라"는 "태어남을 당했다"(동직설 과거 수동)는 의미다. 즉, 이미 태어나신 예수님을 언급했다. 위에서 말했듯이 "태어남을 당했다"인데 누구에 의해 태어남을 당한 것인가? 요셉도 아니고 마리아도 아니라면 누구에 의해 태어나신 것인가? 예수님을 이 땅에 탄생시킨 주체는 성령이시다. 그래서 성경은 예수님이 탄생하신 주체가 인간이 아님을 선포하기 위해 "요셉과 마리아가 약혼을 했지만 동거하지 않았다"(참고. 16절)고 잉태의 시점을 밝히고 있다. 오직 하나님에 의해 계획되었고 성령 하나님에 의해 집행된 것이다. 집행된 후에 계속되는 설명에서도 "그에게 잉태된 자"(20절)에서 "잉태된"은 '동분사 과거 수동형'이다. 예수님이 잉태되신 것은 한결같이 성령으로 인한 것임을 밝힌다.

오해가 예측되었지만 마리아로 하여금 잉태하게 하셨다

요셉은 마리아와 약혼했지만 동거하지 않았다. 하나님이 정하신 결혼법을 지키고 있던 요셉에게 어느 날 마리아가 아기를 가졌다는 믿을 수 없는 소식이 들렸다. 그는 도대체 무슨 영문인지 알 수 없었다. 그러나 그는 "의로운 사람"(19상반절)이었다. "의로운 자"란 생각과 느낌, 행동에서 하나님의 뜻에 온전히 부합하는 자, 그리하여 마음이나 삶을 바로잡을 필요가 없는 자를 의미한다. 요셉이 율법을 기준으로 마리아를 대했다면 그녀는 돌에 맞아 죽어야 했다(신 22:22). 그러나 그는 하나님의 뜻에 부합하는 삶을 살았기에 율법을 적용하지 않았다. 나아가 마리아가 잉태한 것을 세상에 드러내지 않고 조용히 끊으려고 했다(19하반절).

하나님은 요셉이 어떤 사람인지 아셨고, 이렇게 결정할 것도 아셨다. 하나님이 요셉의 마음을 아프게 하셨는가? 그가 며칠을 고민했는지 모르지만 그 기간에는 그랬다. 그러나 그는 하나님의 은혜로 이겨낼 수 있는 신앙인이었다. 하나님이 요셉과 마리아가 약혼한 후에 성령으로 잉태하게 하는 일을 진행하신 이유가 바로 거기에 있다. 만약 마리아가 요셉과 약혼하지 않은 상태에서 이 일이 진행되었다면 마리아는 보호받지 못했을 것이다. 요셉과 약혼을 했기 때문에 그녀는 보호받을 수 있었다.

예수님은 성령으로 잉태하셨지만 다윗의 혈통으로 오셨다

요셉과 마리아는 약혼했지만 동거하지 않았다. 하나님은 이 시기를 합력하여 선을 이루는 기회로 사용하셨다. 법적으로 부부인 사이를 활용하셨다. 마리아가 혼자였을 때 일이 진행되었다면 예수님을 다윗의 혈통으로 오실 수 없었다. 또한 성령으로 잉태되셨기 때문에 다윗의 혈통이 되시는 것은 어떤 상태로든 불가능했다. 요셉은 동네 사람들의 빗발치는 비난을 감수해야 했을지 모르지만 하나님은 법적으로 부부의 시기를 선택하셨다. 그래서 예수님의 잉태하심과 탄생하심을 집행하셔서 예수님이 다윗의 혈통으로 이 땅에 올 수 있게 하셨다. 요셉과 마리아의 약혼이 법적인 부부의 효력을 지녔기 때문에 하나님이 예언하신 대로 예수님은 법적인 다윗의 혈통으로 이 땅에 오셨다. 예수님은 성령으로 잉태되시고, 성령에 의해 태중에서 자라시고, 성령에 의해 태어나셨기에 죄가 없는 하나님이시다. 예수님은 법적으로 부부인 요셉과 마리아의 가정에 태어나셔서 법적인 다윗의 혈통의 지위를 받으셨다. 결코 육적인 다윗의 혈통으로 오시지 않았다.

하나님은 천사를 통해 요셉이 이해하게 하셨다

요셉은 의로운 사람이었기에 마리아를 율법대로 처리하지 않고 가만히 끊고자 했다. 그러나 그것은 하나님의 계획이 아니다. 하나님은 예수님이 요셉으로 말미암아 다윗의 혈통으로 이 땅에 오시는 것을 계획하셨다. 하나님은 이 문제를 해결하시려고 요셉에게 천사를 보내셨다. 천사는 마리아가 "요셉의 아내"(20절)라고 분명히 밝히고 위로했다. "마리아 데려오기를 무서워하지 말라"(20절)라는 표현을 보면 요셉은 마리아가 아기를 가졌다는 사실을 알고 많이 고민했고, 다른 남자의 아기를 가진 마리아를 데려왔을 때 오해받고 겪어야 할 비난을 무서워했던 것 같다. 그래서 천사는 "무서워하지 말라"고 말하고 있다. 하나님은 요셉이 그러한 고민을 능히 감당할 만한 자임을 아셨다. 그 고통을 능히 감내할 믿음이 있는 자임을 아셨다.

천사는 요셉의 믿음을 보고 간단명료하게 설명했다. "그에게 잉태된 자는 성령으로 된 것이라"(20절). 성령이 누구신지 설명하지 않은 것으로 보아 요셉은 이미 성령을 알고 있는 신앙인이었다. 요셉은 성령 하나님이 누구신지 알았을 뿐만 아니라 그가 전능한 일을 하신 하나님이라는 것도 알았다. 하나님이 약혼한 사이로서 법적인 부부 관계인 요셉과 마리아를 선택하신 것은 두 사람의 믿음과 신앙을 보셨기 때문이다. 아니 어쩌면 하나님이 자신의 계획을 성취하시려고 두 사람을 오래전부터 성령과 교제하게 하시고 천사와 대화하는 영적 훈련을 시키시면서 준비하셨다고 보는 것이 옳다.

준비된 자가 쓰임받는다

요셉과 마리아는 하나님이 메시아 예수님을 이 땅에 보내시는 계획에 쓰임받을 준비가 된 신앙인들이었다. 하나님이 아무리 영감을 주셔도 믿지 않을 자들은 믿지 않고, 받아들이지 않을 자들은 받아들이지 않는다. 요즘 교회에서는 "직분만 맡기면 하게 되어있다"고 말한다. 성경적이라고 볼 수 없다. 성경에 기록된 직분자의 기준을 보면 준비된 자만이 하나님께 쓰임받는다는 것을 알 수 있다. 어느 영역이든 하나님이 쓰실 수 있도록 준비하자.

생각해 보기

1. 하나님은 오늘날에도 여러 경로를 통해 말씀하신다. 어떤 통로로 하나님의 음성을 듣고 하나님의 뜻을 확인하는가?

2. 하나님이 나를 쓰시지 않으면 손해 보실 정도로 준비된 영역은 무엇인가?

34장

예수님은 구원자시다

21 아들을 낳으리니 이름을 예수라 하라 이는 그가 자기 백성을 그들의 죄에
서 구원할 자이심이라 하니라.

하나님이 예수님을 보내신 의도와 목적을 밝히고 있다

21절은 1절의 '예수 그리스도'로 압축되었던 이름을 자세하게 묘사한 것이다. "예수(예수아) 그리스도의 족보"(1절)를 듣거나 본 사람들은 깜짝 놀랐다. "예수(예수아) 그리스도의 족보"를 "기름부음 받은 예수(예수아)의 족보"로 이해하면 듣거나 보는 사람들이 느꼈을 감정을 더 잘 이해할 수 있다. 히브리인들은 기름을 부어 그 기름이 물 위에 뜨는 현상을 보며 '그리스도'는 기름 부어 세워진 자(왕, 대제사장)로서 자신들의 머리 위에 존재하는 자라는 것을 익히 알고 있었기 때문이다. 예수(예수아)가 그 기름부음을 받은 자다. "예수아"는 히브리어 "예호수아"(구원)와 동일한 의미를 지닌 메시아의 호칭이다. "예수 그리스도의 족보"는 "기름부음 받은 메시아"의 족보다. "기름부음 받은 메시아"는 예수님뿐이다. 하나님은 이 이름 외에 세상에

어떤 이름도 보내신 적이 없다.

> "다른 이로써는 구원을 받을 수 없나니 천하 사람 중에 구원을 받을 만한 다른 이름을 우리에게 주신 일이 없음이라 하였더라"(행 4:12).

예수님은 여호와 하나님이 사람들을 죄에서 구원하시려고 이 땅에 보내신 구원자시다. 때문에 왕의 시조인 다윗도 죄인으로서 예수님을 통해 구원받아야 할 대상이다. 복을 나눠주는 언약의 시조인 아브라함도 죄인으로서 예수님을 통해 구원받아야 할 대상이다. 이 사실을 만천하에 선포하기 위해 "예수 그리스도의 족보라! 다윗의 아들, 아브라함의 아들"이라는 표현으로 예수님에게서 족보가 시작되고, 예수님에게서 족보가 매듭지어진다.

요셉은 태어날 아이의 성별을 먼저 알았다

오늘날은 의학이 발달하여 태중의 아이가 남아인지 여아인지 금방 분별이 된다. 성경 시대에 태어날 아이가 남아인지 여아인지 안다는 것은 특별한 일이다. 물론 인간에게는 그렇지만 하나님께는 전혀 특별한 일이 아니다. 하나님은 사람을 창조하는 분이시기 때문이다. 하나님이 태어날 아이의 이름을 직접 지어주신 경우가 성경에 여러 차례 나온다. 멀리 갈 것 없이 6개월 전, 제사를 집례하고 있던 사가랴에게 일어난 사건(눅 1:13)을 기억해보라.

> "천사가 그에게 이르되 사가랴여 무서워하지 말라 너의 간구함이 들린지라 네 아내 엘리사벳이 네게 아들을 낳아 주리니 그 이름을 요한이라 하라"(눅 1:13).

하나님은 노년임에도 자녀가 없던 사가랴와 엘리사벳에게 메시아를 예비할 아들을 예비하셔서 그 이름을 "요한"이라고 지으시고 알려주셨다. 하나님이 사람의 이름을 지어주실 때는 사명도 함께 주어진다. 부모님이 지어준 이름을 하나님이 개명하실 때도 그에게 새로운 사명이 주어진다. "아브람"이 "아브라함", "야곱"이 "이스라엘"로 개명되었을 때 그들에게 새로운 사명이 주어졌다.

예수님이 메시아시라면 그분은 아들이어야 한다

예수님이 아들이신 것은 구약 예언에 기초해보면 메시아 됨의 기본 조건이다. 구약성경의 예언이기 때문이다.

> "보라 처녀가 잉태하여 아들을 낳을 것이요 그 이름을 임마누엘이라 하리라"(사 7:14).

너무 당연한 사실이기에 예사로 여길 수 있다. 그러나 만일 "보라 처녀가 잉태하여 딸을 낳을 것이요 그 이름을 임마누엘이라 하리라"고 기록되었다고 생각해보라. 그는(예수) 당연히 메시아가 아니다. 아들은 메시아 됨의 기본 조건이다. 히브리인들의 사고방식 속에 여자가 메시아라는 개념은 없다. 남자와 메시아 개념밖에는 없다(장재일). 아울러 마태복음 저자가 사용한 "처녀"(παρθένος, 파르데노스)는 이사야 선지자가 사용한 젊은 여자(עַלְמָה, 알마)를 해석한 것이다.[1]

■

1 이사야 선지자가 사용한 "עַלְמָה, 알마"는 '처녀'를 가리키는 특수한 용어로는 베툴라가 많은 횟수로 사용되기 때문에 이 동사의 여성형은 처녀를 의미하는 전문용어가 아니고 젊은 여자(이들의 특징 가운데 하나는 처녀성이다)를 나타내는 용어라고 보는 것이 합리적이다.

“예수”는 미래의 사역 방향을 제시하고 있다

예수라는 이름의 뜻은 성경에 “이는 그가 자기 백성을 그들의 죄에서 구원할 자”라고 명확하게 밝혀져 있다. 이 이름에는 그분이 미래에 하실 사역이 담겨 있다. 법적인 부부인 요셉과 마리아의 가정에 태어난 아들이 태어난 순간부터 예수라는 이름의 의미대로 사명을 감당한 것은 아니다. 하나님은 30년 후에 그 이름의 뜻대로 그분을 통하여 하나님이 계획하신 대속의 은혜를 베푸셨다. 때문에 예수라는 이름 속에는 그분이 행하실 미래의 사역이 담겨 있다.

예수라는 이름 속에는 하나님이 그분을 이 땅에 보내신 의도와 목적이 담겨 있다. 예수님은 한 개인을 그의 죄에서 구원하는 메시아시다. 죄를 짓는다는 것은 마귀의 통치를 받고 있음을 뜻한다. 죄에서 구원을 받았다는 것은 최소한 마귀의 통치에서 벗어나고 있음을 의미하며, 시간이 지나고 영적 깊이가 더해지면 죄에서 자유하게 되는 삶에 이르게 된다. 즉, 마귀가 다스리던 순간을 하나님이 다스리시게 된다. 죄에서 구원받는다는 것은 결코 추상적이지 않다.

하나님이 구원하시는 대상은 처음부터 온 열방이다

“자기 백성”은 족보와 연결되어 하나님이 구원하시는 대상이 이미 유대인으로 한정할 수 없음을 보여주고 있다. 족보가 없다면 “자기 백성”은 유대인들의 주장대로 유대인으로 한정할 수 있다. 그러나 족보 속에는 이방인으로서 구원에 참여한 다말, 라합, 룻 등이 있다. “자기 백성”은 이들을 포함한다. 때문에 하나님이 구원하시는 대상은 온 열방이지 유대인들만이 될 수 없음을 명확히 한다. 열방을 구원하실 하나님의 계획은 예수님의 고난과 십자가 죽으심과 부활 후, 즉 예수님이 하나님의 구원 사명을 완수하신 후 사랑하는 제자들에게 주신 "대위임령"(마 28:19–20)을 통해 온전한 모습으로 드러나 확증된다.

> "그러므로 너희는 가서 모든 민족을 제자로 삼아 아버지와 아들과 성령의 이름으로 세례를 베풀고 내가 너희에게 분부한 모든 것을 가르쳐 지키게 하라 볼지어다 내가 세상 끝날까지 너희와 항상 함께 있으리라 하시니라"(마 28:19–20).

마태복음 족보는 예수님이 유일한 구원자 메시아이심을 밝히고 있다.

마태복음 족보는 예수님이 구원자의 유일한 시조이심을 밝히고 있다.

마태복음 족보는 구원의 대상이 온 열방임을 밝히고 있고, 이 결론(마 28:19–20)을 위해 가야 하며, 모든 민족을 제자로 삼아야 하고, 세례를 주어야 하며, 예수님이 가르치신 그대로 가르쳐 지키게 해야 함을 밝히고 있다.

마태복음 족보는 구약의 예언인 "임마누엘"이 예수님의 구원을 통해 어떻게 성도와 함께하시는지 밝히고 있다.[2]

---

2 이 내용은 23절에서 깊이 살펴볼 것이다.

생각해 보기

1. 나는 죄 용서를 받았는가? 특히 어떤 죄를 용서받았는가?

2. 용서받았다는 사실을 어떻게 알 수 있는가?

3. 나의 생각과 마음, 삶이 하나님의 다스리심을 받고 있는가?

35장

예수님은 죄인인 인간과 함께하는 분이시다

22 이 모든 일이 된 것은 주께서 선지자로 하신 말씀을 이루려 하심이니 이르
시되,
23 보라 처녀가 잉태하여 아들을 낳을 것이요 그의 이름은 임마누엘이라 하
리라 하셨으니 이를 번역한즉 하나님이 우리와 함께 계시다 함이라.

하나님은 반드시 약속을 지키신다

족보에 기록된 일들이 이루어진 것과 특히 "아들을 낳으리니 이름을 예수라 하라"(21절)는 말씀은 갑자기 된 일이 아니다. 이는 하나님이 계획하신 일, 곧 "주께서 선지자로 하셨던 말씀"이 성취된 것이다. 하나님은 선지자들을 통해 이렇게 예언하셨다.

> "그러므로 주께서 친히 징조를 너희에게 주실 것이라 보라 처녀가 잉태하여 아들을 낳을 것이요 그의 이름을 임마누엘이라 하리라"(사 7:14).

“흘러 유다에 들어와서 가득하여 목에까지 미치리라 임마누엘이여 그가 펴는 날개가 네 땅에 가득하리라 하셨느니라…너희는 함께 계획하라 그러나 끝내 이루지 못하리라 말을 해 보아라 끝내 시행되지 못하리라 이는 하나님이 우리와 함께 계심이니라”(사 8:8, 10).

하나님은 “처녀가 잉태하여 아들을 낳을 것이요 그의 이름을 임마누엘이라 하리라”(사 7:14)고 하셨는데, 임마누엘은 “하나님이 우리와 함께 계심이니라”(사 8:10)고 예언하셨다. 하나님의 예언이 족보를 통해 이루어졌다. 족보를 통해 이루어진 일을 확장해서 밝히 설명해주고 있다.

하나님은 죄인과 함께하시지 않는다

아담과 하와가 범죄한 후 하나님은 자신과 그들의 관계를 이렇게 규정하셨다.

“오직 너희 죄악이 너희와 너희 하나님 사이를 갈라 놓았고 너희 죄가 그의 얼굴을 가리어서 너희에게서 듣지 않으시게 함이니라”(사 59:2).

물론 이 말씀을 기록한 목적이 하나님과 죄인의 관계를 설명하기 위한 것은 아니다. 하나님의 선지자들이 기도해도 응답이 없자 하소연했을 때 그에 대한 응답으로 기록된 말씀이다. 그렇지만 이 말씀을 통해 하나님과 그분의 자녀의 관계를 엿볼 수 있다. 죄는 하나님과 하나님 자녀 사이를 갈라놓았다. ‘갈라놓다’는 것은 ‘분리시키다’는 뜻이다. 죄는 하나님과 그분의 자녀 사이를 분리했다. 때문에 하나님은 죄인인 사람과 함께 계시지 않는다. 인간의 죄악이 극에 달하자 하나님은 “나의 영이 영원히 사람과 함께 하지 아니하리니"(창 6:3)라고 선포하시고 성령이 인간과 함께하지 않게 하셨다. 하나님이 인간의 죄로 인해 인간을 떠나셨다. 약 2500년의 역사가 흐른 시점에 하나님이 이 땅에 오실 놀라운 계획을 하셨다.

"내가 그들 중에 거할 성소를 그들이 나를 위하여 짓되"(출 25:8).

"거기서 내가 너와 만나고 속죄소 위 곧 증거궤 위에 있는 두 그룹 사이에서 내가 이스라엘 자손을 위하여 네게 명령할 모든 일을 네게 이르리라"(출 25:22).

아브라함 언약의 성취로 이스라엘 백성이 이집트에서 탈출했다. 그들은 하나님이 예비하신 젖과 꿀이 흐르는 가나안 땅으로 들어가게 되었다. 하나님은 그들을 위해 사람과 직접 함께하시지는 않지만 인간 세상에 함께 계시기로 작정하셨다. 하나님은 인간이 성막을 건축하면 지성소에 임재하시겠다고 약속해주셨다. 하나님은 그곳에서 인간을 만나시고 인간을 위해 말씀을 주겠다고 약속하셨다. 하나님이 직접적으로 인간과 함께하시지 않으셨다. 지성소에 계시면서 간접적으로 인간과 함께하셨다.

예수님은 죄인인 인간과 함께하기 위해 오셨다

예수님이 탄생하시기 전까지 하나님의 일을 맡은 사람들이 있었다. 제사장, 서기관, 성전 관리를 맡은 자들 등이다. 종파에 속한 채 뛰어나게 하나님의 일을 감당한 바리새인, 사두개인 등도 있었다. 그들은 죄인에 대해 어떤 자세를 취했는가? 레위기 11-15장은 정함과 부정함에 대한 규례를 제시한다. 부정한 것과는 거리를 두어야 하고 접촉했을 때는 정결 의식을 행해야 했다.

정결한 짐승 또는 부정한 짐승과 관련하여 사람들이 겪게 되는 부정함(레 11장), 출산 후 여인이 겪게 되는 부정함(레 12장), 피부병(문둥병)이 일으키는 부정함(레 13-14장), 그리고 남녀의 성기에서 유출되는 분비물로 인해 겪게 되는 부정함(레 15장)을 차례로 다루고 있다. 사람이 이러한 부정한 것에 접촉하면 그 사람도 부정해진다. 때문에 그것들을 멀리해야 한다. 종교지도자들은 그것을 철저하게 지켰다.

그러나 예수님은 종교지도자들과 다르셨다. 부정해지는 각종 병자들(중풍병자, 문둥병자 등)을 치료하셨다. 혈루병 여인이 자신의 옷깃을 만졌을 때도 부정해지는 것을 탓하지 않으셨다. 천하의 죄인들인 세리들과 먹고 마시셨다. 예수님은 모든 사람과 함께하려고 오셨다. 구약성경에 예언된 그분의 이름이 "임마누엘"이시기 때문이다.

생각해 보기

1. 하나님의 약속을 받은 적이 있는가? 그 약속이 어떻게 되어가고 있는가?

2. 하나님은 나와 함께하신다. 구체적인 증거들을 적어보라.

36장
하나님은 예수 탄생을 이루시려고 의로운 사람 요셉을 쓰셨다

24 요셉이 잠에서 깨어 일어나 주의 사자의 분부대로 행하여 그의 아내를 데
려왔으나.
25 아들을 낳기까지 동침하지 아니하더니 낳으매 이름을 예수라 하니라.

요셉은 번민했다

요셉은 마리아와 약혼한 후 그녀를 데려오기 위해 만반의 준비를 하고 있었다. 그러던 어느 날 하늘이 무너지는 소식을 들었다. "마리아가 아기를 가졌다." 그는 의로운 사람이었다(19절).[1] 그는 여러 가지로 고민했다. 고민의 최종 결론은 마리아와 조용히 결별하는 것이었다. 마태복음은 마리

1 요셉이 "의로운 사람"이라고 했을 때 그것은 무엇을 의미하는 것일까? 아내의 임신 사실을 드러내지 않고 조용히 이혼하려 한 것이 의로운 것일까? 율법도 어기고 서기관이나 바리새인들의 교훈을 어기며 조용히 이혼하려 한 것이 의로운 것일까? 19절을 보면 "의로운 사람이었기 때문에 그녀의 일을 세상에 드러내지 않으려 하였다"고 기록하고 있다. 이 말씀은 율법을 기준으로 생각하는 것이 맞을 듯하다. 요셉이 의로운 사람이었기 때문에 마리아를 아내로 맞아들일 수 없다는 결론에 이른 것 자체가 의로운 행위로 보인다.

아의 입장을 완전히 배제하고 있다. 요셉은 마리아가 아기를 가졌다는 것을 어떻게 알았을까? 마리아가 아무 말도 하지 않았는데 우연히 알게 되었을까? 요셉이 마리아에게서 들었던 것으로 보인다. 마리아는 요셉에게 그녀 자신도 이해할 수 없는 일을 천사에게서 들은 것과 사가랴와 엘리사벳 가정에 일어난 일을 통해 확인한 사실도 이야기했을 것이다. 그 이야기를 들은 요셉은 마리아가 율법을 어긴 상황이었지만 성령으로 되어졌다고 하니 가만히 끊고자 한 것으로 보인다.

요셉은 천사가 알려주는 말에 순종했다

요셉이 율법대로 행동했다면 마리아는 어떻게 되었을까?

> "처녀인 여자가 남자와 약혼한 후에 어떤 남자가 그를 성읍 중에서 만나 동침하면 너희는 그들을 둘 다 성읍 문으로 끌어내고 그들을 돌로 쳐죽일 것이니 그 처녀는 성안에 있으면서도 소리 지르지 아니하였음이요 그 남자는 그 이웃의 아내를 욕보였음이라 너는 이같이 하여 너희 가운데에서 악을 제할지니라"(신 22:23-24).

요셉이 마리아의 설명을 전혀 듣지 않고 의로운 삶을 기준으로 이 일을 처리했다면 그는 분명히 율법을 지켰을 것이다. 그가 율법을 지켰다면 이 일이 성읍 안에서 일어났고 마리아가 소리를 지르지 않았다는 죄목에 해당하므로 그녀는 돌에 맞아 죽어야 했다. 왜냐하면 하나님은 그렇게 해서 사람과 사회에 있는 악을 제하라고 명하셨기 때문이다.

요셉이 마리아와의 관계를 조용히 정리하고자 한 것은 마리아의 말을 액면 그대로 이해하기 어려웠던 것이다. 요셉은 마리아가 "천사가 자신에게 찾아와 하나님의 계획을 알리셨고 그것이 자신의 몸에 일어났다"고 설명한 것을 듣고 거듭 고민하다 가만히 끊고자 한 것으로 보인다. 그 결론에 도달했을 때 마리아가 이야기했던 천사가 요셉의 꿈에 찾아왔다. 천사는 간단명료하게 설명했다. "성령으로 잉태되었다." "네 아내 마리아 데려오기를 무서워 말라." 천사는 요셉에게 일어났던 전후 사정을 알았을 것으로 보인다. 그렇지 않고서야 설명이 이렇게 간단할 수 있는가? 요셉은 이 지시에 즉시 순종한다. 결혼식을 하기까지 어느 정도의 시간이 남았는지 모르지만 요셉은 그 모든 것을 무시하고 마리아를 즉시 집으로 데려왔다.

요셉은 하나님의 계획이 이루어질 때까지 자기 권리를 행사하지 않았다

요셉의 진가는 마리아를 집으로 데려온 후 나타난다. 그는 마리아가 임신한 사실을 처음 알았을 때 고민했고 조용히 정리하고자 했다. 그때 천사가 꿈에 나타나 마리아가 잉태한 것이 성령으로 되었다는 것과 "마리아 데려오기를 무서워하지 말라"는 말을 들었다. 요셉은 꿈에서 깬 즉시 주의 사자가 분부한 대로 마리아를 데려왔다. 그러나 요셉은 마리아가 아기를 낳을 때까지 부부관계를 갖지 않았다. 마리아가 정식으로 자기 아내가 되었고 부부관계를 가질 상황이 되었지만 그는 자신의 권리를 행사하지 않기로 결정했다. 요셉은 스스로 자신의 권리를 제한했다. 왜 그런 결정을 내렸을까? 그는 천사로부터 "성령으로 잉태되었다." "아기의 이름을 예수라 하라. 그는 자기 백성을 죄에서 구원할 자다"라는 설명을 들었다. 요셉이 자기 권한을 스스로 제한한 것은 천사로부터 들은 하나님의 뜻을 온전히 이루기 위해서였다. 즉, 요셉의 행위는 메시아 예수님이 성령으로 잉태되셨고 성령으로 태어나신 분임을 증거한다.

요셉은 천사가 일러준 대로 아기의 이름을 "예수"라고 지었다

요셉은 하나님의 뜻, 즉 예수님을 통해 그분의 백성을 죄에서 구원하시려는 뜻이 이루어지도록 부부관계의 권리를 포기했다. 천사의 명령이 없었지만 자기 스스로 제한했다. 때가 차매 하나님이 선지자를 통해 선포하셨던 메시아가 탄생하셨다. 요셉은 지체하지 않고 그분의 이름을 "예수"라고 지었다. "예수"(예수아)는 구약 성경에서 "구원"이라는 뜻을 가지고 있다. 마태복음 저자는 성령님이 "예수"라는 이름의 뜻을 "자기 백성을 그들의 죄에서 구원할 자"(1:21)라고 정의한 그대로 받아들였다. "예수"(예수아)는 죄에서 구원할 자시다.

마태복음 1장은 족보 부분과 예수님의 탄생 배경, 예언의 성취를 다루고 있다. 하나님은 마태복음 1장을 통해 나에게 수없이 많은 말씀을 하신다. 나는 예수님만 믿으면 구원받는다는 가르침을 배웠고 지금까지 가르치는 선생으로 살아왔다. 사복음서는 그 일을 맡았던 구약의 종교 지도자들 대부분이 하나님의 구원에 참여하지 못했음을 보여주면서 나에게 경고한다.

마태복음 족보는 하나님의 언약 아래 있어도 구원에서 떨어질 수 있고, 하나님의 언약 아래 없어도 구원 속으로 들어올 수 있음을 끊임없이 나에게 말하고 있다.

마태복음 족보는 하나님은 죄의 심각성을 경고하기 위해 "다윗은 우리아의 아내에게서 솔로몬을 낳았다"는 표현으로 오늘도 내게 죄에서 떠날 것을 말씀하신다.

마태복음 족보는 쓰임받을 사람과 버림받을 사람의 기준을 명확하게 구분하여 나에게 말씀하신다. 우상을 숭배한 자는 어떤 경우라도 쓰임받을 수 없다. 그들은 버림받은 자들이다.

마태복음 족보는 사람이 선택하여 세운 사람이나 스스로 지도자가 된 사람은 하나님이 세운 지도자가 아니며, 하나님의 인정을 받을 수 없음을 명확하게 보여준다.

마태복음 족보는 다윗과 아브라함을 포함한 모든 사람이 구원의 대상임을 말하며, 나 또한 구원받을 대상에 불과한 죄인임을 알려준다.

마태복음 족보는 창세기의 예언인 여자의 후손으로 오신 예수, 이사야서의 예언인 처녀의 몸에서 태어나실 예수님의 성취를 보여주면서 다시 오실 주님의 예언이 절대 진리임을 내게 말씀한다.

마태복음 족보는 메시아 예수님이 죄의 노예 가운데 사는 자들을 구속하시려고 오셨고, 고난과 십자가 죽으심과 부활 사건을 통해 그분의 제자들에게 그 사명이 위임되었음을 알려준다. 제자의 삶을 살려는 내게도 그 사명이 위임되었음을 말씀하신다.

생각해 보기

1. 여자에게서 나신 예수, 처녀에게서 나신 예수는 4000년 동안 하나님이 예비하신 그 메시아시다. 그것을 지식이 아닌 삶으로 인정하고 있는가?

2. 예수님의 사명이 나에게 위임된 사명임을 알고 오늘도 그 삶을 살고 있는가?

참고문헌

장재일, 『히브리적 관점으로 다시 보는 마태복음』, 쿰란출판사, 2013

채영삼, 『긍휼의 목자 예수』, 이레서원, 2011

이석호, 『하나님 나라 왕들의 행진곡』, 킹덤북스, 2013

정우홍, 『배경으로 본 마태복음 강해(상)』, 그리심, 2009

김현태, 『영으로 푸는 마태복음(상)』, 쿰란출판사, 2012

이상호, 『마태복음(그리스어 원전 분해 및 강해 성경)』, 도서출판 생명수, 2013

이진희, 『유대적 배경으로 본 복음서』, 컨콜디아사, 2011

R. T. 프랜스, 『마태복음(틴데일 신약주석 시리즈 1)』, CLC, 2013

윌리엄 맥도날드, 『마태복음』, 전도출판사, 2009

위트니스리, 『예수 그리스도의 족보』, 한국복음서원, 2009